MARCO POLO

Reisen mit Insider Tipps

MOSKAU

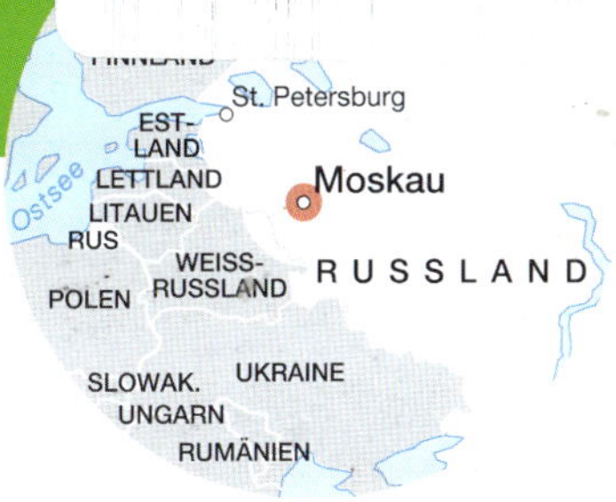

MARCO POLO Koautorin Nina von Imhoff

Die Journalistin lebt mit Mann und Sohn in Moskau. Sie liebt die eiskalten Wintertage mit strahlend blauem Himmel und viel Schnee an der zugefrorenen Moskwa. Wenn sie sich nicht im Getümmel der Metropole verliert, entspannt die studierte Historikerin und Politologin am liebsten bei georgischem Essen oder im Gorki-Park. Sie ist fasziniert von der sich ständig wandelnden russischen Hauptstadt und immer auf der Suche nach Neuem.

www.marcopolo.de/moskau

← UMSCHLAG VORN: DIE WICHTIGSTEN HIGHLIGHTS

Die besten Insider-Tipps → S. 4

INSIDER TIPP

Best of ... → S. 6

Sehenswertes → S. 26

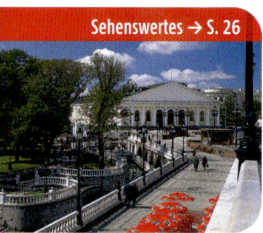

Essen & Trinken → S. 62

4	**DIE BESTEN INSIDER-TIPPS**
6	**BEST OF ...** ● TOLLE ORTE ZUM NULLTARIF S. 6 ● TYPISCH MOSKAU S. 7 ● SCHÖN, AUCH WENN ES REGNET S. 8 ● ENTSPANNT ZURÜCKLEHNEN S. 9
10	**AUFTAKT**
16	**IM TREND**
18	**STICHWORTE**
24	**DER PERFEKTE TAG**
26	**SEHENSWERTES** KREML & ROTER PLATZ, KITAIGOROD & DER NORDOSTEN, SAMOSKWO-RETSCHIJE, ARBAT & TWERSKAJA, AUSSERHALB DER CITY
62	**ESSEN & TRINKEN** RESTAURANTSZENE AUF HÖCHSTEM INTERNATIONALEM NIVEAU
74	**EINKAUFEN** LUXUSSHOPPEN UND ABSTECHER IN MALLS SOWIE AUF MÄRKTE LOHNEN

SYMBOLE

INSIDER TIPP Insider-Tipp
★ Highlight
●●●● Best of ...
☼ Schöne Aussicht
☺ Grün & fair: für ökologische oder faire Aspekte
(*) kostenpflichtige Telefonnummer

PREISKATEGORIEN HOTELS

€€€ über 200 Euro
€€ 110–200 Euro
€   bis 110 Euro

Die Preise gelten für eine Übernachtung von zwei Personen im Doppelzimmer ohne Frühstück

PREISKATEGORIEN RESTAURANTS

€€€ über 20 Euro
€€ 12–20 Euro
€   bis 12 Euro

Die Preise gelten für ein für das jeweilige Lokal typisches Hauptgericht ohne Getränke

Titelthemen: Im einstigen Künstlerviertel Alter Arbat S. 50 | Einzigartig: das Jüdische Museum S. 57

INHALT

AM ABEND **84**
KEINE RUHE FÜR MUSIK- UND BALLETT-
FANS SOWIE FÜR NACHTSCHWÄRMER

ÜBERNACHTEN **92**
DIE HOTELS HALTEN INTERNATIONALEN
MASSSTÄBEN STAND

STADTSPAZIERGÄNGE 100
MIT KINDERN UNTERWEGS 106
EVENTS, FESTE & MEHR 108
LINKS, BLOGS, APPS & MORE 110
PRAKTISCHE HINWEISE 112
SPRACHFÜHRER 118
CITYATLAS & STRASSENREGISTER 124
REGISTER & IMPRESSUM 142
BLOSS NICHT! 144

Einkaufen → S. 74

Am Abend → S. 84

Übernachten → S. 92

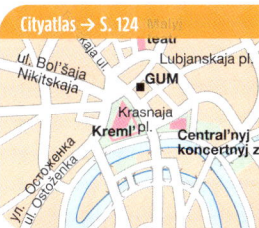
Cityatlas → S. 124

GUT ZU WISSEN
Entspannen & Genießen → S. 33
Richtig fit! → S. 52
Gourmettempel → S. 66
Spezialitäten → S. 68
Bücher & Filme → S. 83
Moskauer Sportschau → S. 91
Luxushotels → S. 96
Was kostet wie viel? → S. 114
Wetter → S. 116
Währungsrechner → S. 117
Alphabet & Umschrift → S. 120

KARTEN IM BAND
(126 A1) Seitenzahlen und Koordinaten verweisen auf den Cityatlas und die Übersichtskarte Moskau mit Umland auf S. 136/137
(0) Ort/Adresse liegt außerhalb des Kartenausschnitts
(U A1) Koordinaten verweisen auf die Umgebungskarte auf dem hinteren Umschlag
Einen Liniennetzplan der öffentlichen Verkehrsmittel finden Sie im hinteren Umschlag

UMSCHLAG HINTEN: FALTKARTE ZUM HERAUSNEHMEN →

FALTKARTE
(🕮 A–B 2–3) verweist auf die herausnehmbare Faltkarte

Die besten MARCO POLO Insider-Tipps

Von allen Insider-Tipps finden Sie hier die 15 besten

INSIDER TIPP Lauter stattliche Männer in historischen Uniformen

Im Sommer findet samstags die Parade des berittenen Kreml-Regiments in schicken historischen Uniformen statt. Ein Event, das Sie unter keinen Umständen verpassen sollten (Foto o.) → S. 33

INSIDER TIPP Schön warm durch den russischen Winter

Sie fragen sich, wie die Moskauer Bürger im Winter ihre Füße vor dem Frost schützen? Dann statten Sie doch einmal dem *Filzstiefelmuseum* einen Besuch ab → S. 56

INSIDER TIPP Open-Air-Jazz

Jazz as Jazz can – jeden Sommer findet im Ermitage-Garten ein *Internationales Jazzfestival* mit Stars aus aller Welt statt → S. 109

INSIDER TIPP Pikant & Schmackhaft

Das *Chatschapuri* hat mit ausgezeichneter georgischer Küche zu fairen Preisen Moskau im Sturm erobert → S. 70

INSIDER TIPP Extrem gefährliches Naschwerk

Russische Süßigkeiten und Pralinen gehören zu den besten der Welt. Die älteste Schokoladenfabrik und Konditorei Moskaus, *Roter Oktober,* stellt die gefährlichsten von ihnen her – zumindest, was die schlanke Linie betrifft → S. 78

INSIDER TIPP Über den Wolken

Im *Sixty* ist gutes Essen mit einem atemberaubenden Blick verbunden. Im 62. Stock des Föderationsturms bietet die Küche europäische und russische Spezialitäten, während die Türme Moscow Citys um einen herum in den Himmel wachsen → S. 67

INSIDER TIPP Oase der Besinnlichkeit

Tee ist im *Club der Teekultur* nicht nur ein schnödes Getränk und Heilmittel, sondern eine ganze Philosophie. Die Mitglieder des Clubs teilen ihr Wissen gern mit Ihnen. Lassen Sie sich in die Teezeremonie einweisen (Foto re.) → S. 64

INSIDER TIPP Bunter Kunstmix
Eine Augenweide ist die *Garage*, das Zentrum für zeitgenössische Kultur im Gorki-Park. Geboten wird ein bunter Mix aus ständig wechselnden Ausstellungen, Vorträgen und Workshops → S. 44

INSIDER TIPP Ein Augenblick der Stille
Individuell und abwechslungsreich sind die Cafés und Boutiquen rund um den *Patriarchenteich*. Lassen Sie sich treiben und genießen Sie die Ruhe → S. 52

INSIDER TIPP Spitzenklasse
Das von der Primaballerina Maja Plissezkaja gegründete *Russische Reichsballett* steht zwar in alter Tradition, ist aber eine noch ganz junge Truppe → S. 86

INSIDER TIPP Essen wie am Polarkreis
Was Eismeeranwohnern schmeckt, ist im *Expedicia* zwar nicht ganz billig, dafür aber ausgezeichnet. Auf der Karte stehen Rentierfilet und Bärentatzen → S. 67

INSIDER TIPP Siegestanz
Die Anzahl der Kriegsveteranen wird zwar immer geringer, aber nach wie vor tanzen sie – jedes Jahr am 9. Mai → S. 108

INSIDER TIPP Himmlische Ruhe
Das *Mariä-Geburts-Kloster* ist eines der Wehrklöster rund um das historische Moskau. Tauchen Sie ein in die Stille und besinnen Sie sich inmitten des Hauptstadttrubels einen Moment lang auf sich → S. 40

INSIDER TIPP Zurück in die Sowjetunion
Wie lebte es sich so in der UdSSR? Das neue *Museum* auf dem WWZ-Gelände beschäftigt sich ausschließlich mit dem damaligen Alltagsleben. Nicht nur für Nostalgiker → S. 55

INSIDER TIPP Demokratische Kunst
In der Galerie *Art4ru* dürfen die Besucher bestimmen, welche Kunstwerke zukünftig ausgestellt werden sollen → S. 104

BEST OF ...

TOLLE ORTE ZUM NULLTARIF
Neues entdecken und den Geldbeutel schonen

SPAREN

● *Tanzend in den Abend*
Salsa, Tango oder Cha Cha Cha – die *Tanzkurse* im Gorki-Park bieten für jeden Geschmack etwas. Im Sommer wird der Asphalt am frühen Abend zur größten Tanzfläche der Stadt. Jeder darf teilnehmen – kostenlos und ohne Anmeldung → S. 46

● *Teuflische Literatur*
Wandeln Sie auf den Spuren Michail Bulgakows. Im Haus des Autors ist der Eintritt zu Museum und Literaturabenden teilweise frei (Eintritt Wohnung: 50 Rubel). Hier starten auch Stadtführungen oder Rundfahrten → S. 50

● *Stadtrundfahrt*
Nur rund 90 Cent kostet eine Stadtrundfahrt in eigener Regie. Steigen Sie am Park Pobedy in den Trolleybus Nr. 2 und fahren sie bis zur Lenin-Bibliothek. Von dort erreichen Sie den Kreml und den Roten Platz zu Fuß. Auf der Strecke stadteinwärts kommen Sie unter anderem am Weißen Haus, dem Regierungsgebäude, vorbei. Vor diesem standen 1993 Panzer und gaben Schüsse ab → S. 61

● *Nachwuchsmusiker*
Zukünftige Klassikstars begegnen Ihnen in der *Gnesin-Musikakademie*. Die Konzerte der Musikstudenten, die unregelmäßig um 12 oder 13 Uhr beginnen, sind hörenswert und kostenlos → S. 88

● *Auf zwei Rädern unterwegs*
Moskau ist noch längst kein Mekka für Radfahrer, aber im Zentrum sowie an Parks und Grünanlagen gibt es inzwischen 30 Leihstationen, an denen Sie die leuchtendroten Drahtesel von *Velobike* mieten können. Die erste halbe Stunde ist kostenlos → S. 114

● *Altehrwürdige Architektur*
Im *Freilichtmuseum Kolomenskoje* können Sie auf den 390 ha Fläche der einstigen Zarenresidenz kostenlos die Entwicklung der russischen Architektur bewundern (Foto) → S. 57

●●●●● Diese Punkte zeichnen in den folgenden Kapiteln die Best-of-Hinweise aus

TYPISCH MOSKAU
Das erleben Sie nur hier

● *Großer Glanz im Bolschoi*
Märchenhafte Opern und Ballett in klassischem Interieur. Das renovierte Haus ist noch eindrucksvoller, der Glanz der Zarenzeit wiederhergestellt worden. Neben klassischen Inszenierungen gibt es hier auch Bühnenexperimente, die heftig diskutiert werden (Foto) → S. 85

● *Eislaufen*
Diese Leidenschaft kommt wohl aus jener Zeit, als die Sowjetunion Medaillen sammelte und Kinder überall dem Puck hinterherjagten. Auf der *Eisbahn,* die von November bis März auf dem Roten Platz aufgebaut wird, geht es geruhsamer zu. Und auch im *Gorki-Park* werden winters die Parkwege geflutet → S. 46, 37

● *Rund um den Wodka*
Wollen Sie sich in der Kunst des Wodka-Brennens üben? Das Zubehör dafür finden Sie im *Wodka-Museum* auf dem Gelände des Kreml von Ismailowo. Im Eintrittspreis enthalten ist auch ein kleines Glas des Wässerchens → S. 59

● *Lenins Ruhestätte*
Für manche fast ein Heiligtum, für andere ein Ärgernis: Wie lange der einbalsamierte Gründer der Sowjetunion noch im *Lenin-Mausoleum* am Kreml liegen wird, ist nicht absehbar. Die Ehrenwache ist längst abgezogen, aber besichtigen kann man Wladimir Iljitsch Uljanow, genannt Lenin, immer noch → S. 36

● *Ostermesse*
Wenn Ihr Moskaubesuch auf Ostern oder Weihnachten fällt, wohnen Sie einem der nächtlichen Gottesdienste bei. Keine Angst, die russisch-orthodoxen Gläubigen sind tolerant. Frauen sollten aber ihren Kopf bedecken. Besonders eindrucksvoll sind die Messen in der *Christi-Erlöser-Kathedrale* oder im *Neuen Jungfrauenkloster* → S. 50, 59

● *Krieg und Frieden*
Es ist ein ganz bescheidenes Holzhaus nicht weit vom Gorki-Park, in dem der große Dichter und Denker Lew Tolstoi lebte. Hier ist recht viel von der Atmosphäre des zaristischen Russlands erhalten geblieben – sogar eine Tonaufzeichnung Tolstois → S. 61

BEST OF ...

SCHÖN, AUCH WENN ES REGNET
Aktivitäten, die Laune machen

● *Moskau von unten*
Flüchten Sie bei Regen ruhig in die *Metro*. Die alten Stationen protzen mit Stalinbarock (Foto). An der Haltestelle *Platz der Revolution* etwa säumen bronzene Sowjethelden unter tiefrotem Marmor den Bahnsteig, *Belorusskaja* gibt sich – nomen est omen – blütenweiß → S. 103

● *Shopping im Untergrund*
Unter dem Manegenplatz erstreckt sich die Shoppingmall *Ochotnyj Rjad* über drei Etagen in den Untergrund. Oben gibt es Cafés und Restaurants mit Blick auf Alexandergarten und Kreml → S. 79

● *Hohe Kunst*
Regentage vergehen in den Moskauer Kunstmuseen wie im Flug. Ein Muss ist neben dem Puschkin-Museum die *Tretjakow-Galerie,* deren Sammlung von mittelalterlichen Ikonen bis hin zu Marc Chagall reicht → S. 47

● *Was für ein Zirkus*
Auch ohne Russischkenntnisse ist der Besuch ein Riesenvergnügen. Die Clowns, Jongleure, Artisten und Dompteure im *Nikulin-Zirkus* haben Weltniveau → S. 107

● *Ab in den Zoo*
Viele Orte im Moskauer *Zoo* liegen regensicher im Trockenen: das Nachttierhaus, das Raubkatzen- sowie das Menschenaffengehege, das Terrarium und die Pavillons für die Papageien und Elefanten → S. 107

● *Durch den Regen schwimmen*
Über die Moskwa schippern, wenn dicke Tropfen vom Himmel fallen? Geht nicht? Und ob. Die Boote der *Radisson-Flotte* fahren 365 Tage im Jahr, ob es in Strömen gießt oder Eisschollen auf dem Fluss treiben. Unterm gläsernen Panoramadach bleibt jeder trocken → S. 113

REGEN

ENTSPANNT ZURÜCKLEHNEN
Durchatmen, genießen und verwöhnen lassen

● *Dampf ablassen*
Typisch russische Wellness ist die Banja, das traditionelle Dampfbad. In den Moskauer High-Class-Bädern wie der *Banja Sanduny* können Sie in schönem Ambiente entspannen, während nach dem Schwitzen der Nacken massiert wird oder Sie eine Maniküre bekommen → S. 33

● *In die Sterne schauen*
Nichts über sich als die Sterne? Im Moskauer *Planetarium* können Sie sich nicht nur weiterbilden, sondern auch in die bequemen Sessel unter der riesigen Kuppel fallen lassen und den Ausblick genießen. Anschließend locken das 3-D-Kino und drei Cafés → S. 61

● *Essen so viel man will*
An dunklen Wintertagen ist gutes Essen genau das Richtige für die Seele. Hotels wie das Hyatt oder das Metropol bieten in der kalten Jahreszeit einen *Sonntagsbrunch* an. Neben einem ausladenden Buffet sind meistens auch alkoholische Getränke inklusive → S. 96, 94

● *Rundum schön*
Eine Oase der Ruhe mitten im Zentrum der Metropole finden Sie im luxuriösen Tretjakowskij Proesd. Der Salon *Tretjakow Spa* dort bietet alles: von Gesichts- bis Haarpflege über Antistress-Massage bis hin zu Pediküre → S. 80

● *Wenn die Zeit stehen bleibt*
Zeitdruck hat hier niemand: Im *Zifferblatt* bezahlen Sie für die Dauer Ihres Aufenthalts und nicht den Konsum. In dem wie eine gemütliche Wohnung eingerichteten Café gibt es jede Menge leckerer Kekse und cremigen Kaffee → S. 65

● *Himmlische Ruhe*
Wenn Sie das City-Getümmel einmal leid sind, besuchen Sie doch die *Muttergottes-Von-Kasan-Kathedrale* (Foto) am Roten Platz. Zwischen den Gläubigen finden Sie sicher ein Plätzchen, wo Sie den Chorgesang eines russisch-orthodoxen Gottesdiensts auf sich wirken lassen können → S. 36

AUFTAKT

ENTDECKEN SIE MOSKAU!

Keine Spur von Krise, Moskau strahlt: In der Nacht leuchtet nicht nur der Kreml, auch Adelspaläste und Zuckerbäckerbauten, Stuckfassaden und Zwiebeltürme, gläserne Hochhaustürme und prächtige Hotelfassaden liegen im Scheinwerferlicht. An Strom wird hier nicht gespart. Die Hauptstadt Russlands ist eine Megalopolis, die niemals schläft. Durch die Straßen wälzt sich dichter Verkehr, selbst nach Mitternacht. Grelle Leuchtreklamen sollen Gäste in Geschäfte, Diskos und Bars locken. Sie ist Stadt der Studenten und Künstler, Gral des Nachtlebens, Zentrum der Macht und der Geschäftswelt. Mit circa 15 Mio. Einwohnern ist Moskau die größte Metropole Europas. Seit 2012 wächst die russische Hauptstadt um 1500 m² Fläche Richtung Südwesten. Die Finanzkrisen der vergangenen Jahre hat die Metropole bisher nicht nur fast unbeschadet überstanden, die Stadt soll sogar in einer neuen Weltfinanzordnung eines der internationalen Bank- und Börsenzentren werden, so lautet zumindest der ehrgeizige Plan von Präsident Wladimir Putin. Dafür wird gebaut und herausgeputzt. Moskau soll in Zukunft noch attraktiver werden.

Bild: Blick über die Moskwa auf den Kreml

Der Reichtum aus einem Sechstel der Erde wird in dieser Stadt zusammengetragen, schon seit Jahrhunderten. Von hier aus begannen die Großfürsten von Moskau einst nach der Befreiung vom Tatarenjoch die „Sammlung russischer Erde". Moskau war das Herz Russlands, auch als die Hauptstadt zwei Jahrhunderte lang vorübergehend St. Petersburg hieß. Seit fast neun Jahrhunderten wird rund um den Kreml gebaut und gedichtet, werden Kulturschätze angehäuft, wurde ein ganzes Weltreich erobert und wurden Revolutionen geplant. All das ist hier zu sehen.

Die Metropole Moskau war schon immer das Herz Russlands

Bei Tag und Nacht flanieren sie vor den Kremlmauern: wettergegerbte Sibirier, Kaukasier mit weißen Schals, stolze Kirgisen, neugierige Japaner und Chinesen, westeuropäische Touristen, indische Turbanträger, neureiche Russen mit Goldkettchen und Handtäschchen, Schulkindergruppen, Milizionäre, Studenten, junge Damen beim Schaulaufen, Rentnerinnen, die heimlich Bierdosen aus der Reisetasche verkaufen. Moskau ist Treffpunkt von Asien und Europa.

Hier schlägt der Puls des russischen Staats. Auf dem Quadratkilometer zwischen Kreml und Ex-KGB-Zentrale liegen Parlament, Verfassungsgericht und Präsidentenadministration, Lenin-Mausoleum sowie die Basilius-Kathedrale, das Bolschoi-Theater, das Kaufhaus GUM und die prächtigsten Hotelbetriebe.

Aufbruch in die Moderne: das neue Viertel Moscow City mit Föderationsturm

AUFTAKT

Moskau ist reich und riesig. Drei Viertel des russischen Kapitals strömen in dieser Stadt zusammen. Und mit ihm kommen die Menschen aus der Provinz. Die starke Zuwanderung ist eines der größten Probleme der Metropole. Ständig unterwegs, in der überfüllten Metro, auf etlichen Märkten, immer in Eile, immer auf dem Sprung, so sind die Moskauer.

Aber es gibt auch ein neues, grünes und umweltschonenderes Bewusstsein in der russischen Metropole. So sollen in den kommenden Jahren elf neue Fußgängerzonen entstehen. Auf den Flaniermeilen in der Nähe des Kreml und an der Moskwa entlang wird der Asphalt durch Granitplatten ersetzt. Auf Bänken und in Straßencafés sollen die gestressten Moskowiter künftig Kraft tanken. Aus den halb verwahrlosten Parks – wie dem Gorki- oder Sokolniki-Park – mit verrosteten Fahrgeschäften und billigem Bier sind moderne Freizeitzonen mit großen Liegewiesen, Spielplätzen, Tanzkursen, Restaurantterrassen, Livemusik im Freien und Leihstationen für Fahrräder geworden.

Die ganze Stadt ist sowohl quirliges Leben als auch Stein gewordene Geschichte. Man sieht es dem Stadtplan an, dass Moskau in Ringen rund um die Kremlmauern herum gewachsen ist. Die weiten Kreise der ehemaligen Befestigungsanlagen werden noch heute von den Heerstraßen durchbrochen, die vom Amtssitz des Präsidenten aus strahlenförmig in alle Teile des Lands führen.

> **Quirliges Leben und Stein gewordene Geschichte**

Außer dem Kreml und einigen Kirchen ist vom mittelalterlichen Moskau jedoch wenig geblieben. Zar Alexander I. ließ Moskau völlig neu aufbauen. Auch Stalins Generalplan für die Rekonstruktion der Innenstadt brachte 1935 tiefe Einschnitte.

Doch was sich heute abspielt, stellt alles in den Schatten. Keine europäische Metropole wächst so schnell wie die russische Hauptstadt. Hochhäuser schießen wie Pilze aus dem Boden. Baudenkmäler und alte Fassaden in der Innenstadt werden modernisiert, aber zumindest weitgehend erhalten. Prägten bisher Stalins Zuckerbäcker-Bauten das Stadtpanorama, werden diese nun von der Skyline der Putin-Wolkenkratzer überragt. Höher, glänzender, schöner: Futuristische Glastürme, Betonklötze und verspielter Neo-Zuckerbäckerstil – so sehen die Symbole der staatlich vorangetriebenen Modernisierung aus. 360 m wird die spiegelnde Glasfassade des *Föderationsturms* messen, dessen Bauarbeiten 2014 abgeschlossen sein sollen. Er wird dann der bislang höchste von einem halben Dutzend neuer Wolkenkratzer sein, die im Geschäftszentrum *Moscow City* nahe dem Weißen Haus, dem Regierungssitz, entstehen.

Sie haben Glück, wenn Sie aus dem Fenster Ihres Hotels in der Nacht nicht mehr das Brausen des Verkehrs hören. Mehr als 3 Mio. Pkw sind in Moskau registriert. In zwei Jahren werden es nach Schätzungen wohl an die 5 Mio. sein, darunter mehr Luxuskarossen europäischer Edelmarken als sonst irgendwo auf der Welt: Öl- und Gasdollars in ihrer prunkvollsten Form. Auch wenn Moskau eigentlich schon immer wohlhabend war.

Es muss ein atemberaubender Anblick gewesen sein, als Frankreichs Kaiser Napoleon I. 1812 vor den Toren der Stadt hielt und 1600 goldene Kirchenkuppeln in der Abendsonne vor ihm in den Himmel ragten. Nachdem die Türken 1453 Konstantinopel erobert hatten, fühlte sich Moskau als das Zentrum des orthodoxen Christentums. Und obwohl Zar Peter der Große die Hauptstadt nach St. Petersburg verlegte, um seine Regierung dem Moskauer Einfluss zu entziehen, blieb die Stadt an der Moskwa geistliches Zentrum.

Mehr Luxuskarossen als sonst irgendwo auf der Welt

Erst 1918 zog Lenin mit der Sowjetregierung wieder nach Moskau um. Die Sowjetzeit und den Kampf gegen die Religion überstand immerhin ein Drittel der Kirchen – als banales Baustofflager, Straßenbahndepot, Schwimmbad oder Jugendclub. Inzwischen werden jedoch fast überall wieder Gottesdienste abgehalten. Die übergroße Mehrheit der Moskauer ist heute wieder russisch-orthodox getauft – und auch stolz darauf.

 Napoleon konnte Moskau (nach den Mongolen 1293 und den Polen 1605) zwar erobern – doch mit diesem Sieg im Herbst 1812 führte er seinen eigenen Untergang herbei. Der russische Oberbefehlshaber Kutusow ließ die Stadt niederbrennen, sodass Napoleons große Armee, ohnehin vom Nachschub abgeschnitten, keine Winterquartiere hatte und zum verlustreichen Rückzug gezwungen war. Nur der Kreml, Klöster, Kirchen und wenige Holzhäuser überstanden den großen Brand.

Zar Alexander I. ließ Moskau schließlich streng nach Plan und wie Phoenix aus der Asche wiederauferstehen, mit der Konsequenz, dass fast alle Paläste im Stadtzentrum nach 1812 gebaut wurden und damit noch relativ „jung" sind. Mit dem Wirtschaftsaufschwung zur nächsten Jahrhundertwende entstanden dann die bürgerlichen Stadtviertel mit regelmäßigen Straßenzügen und den typischen Jugendstilbauten. Radikal umgestaltet wurde die Innenstadt unter Stalin, der vor allem Großbauten im sozialistisch-imperialen Stil des „Stalinbarock" hinterließ. Nach dessen Tod wucherte die Hauptstadt mit Plattenbauvierteln vor allem in die Breite. Unter Michail Gorbatschow gab es bis zum Beginn der Perestroika kaum noch architektonische Großleistungen. Vielerorts wurden Zweckbauten rücksichtslos in alten Vierteln errichtet.

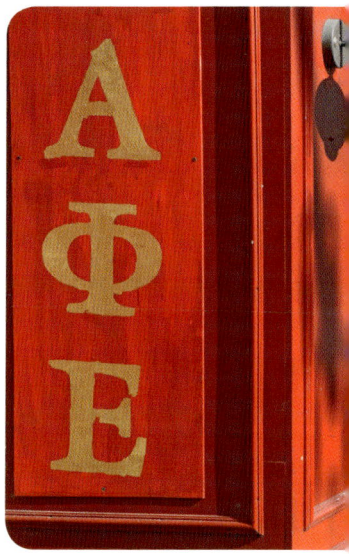

AUFTAKT

1985 kam Boris Jelzin dank der Perestroika als neuer Parteichef in den Kreml. Die Moskauer verehrten ihn, weil er die anderen Parteibonzen kritisierte und manchmal mit dem Trolleybus fuhr. Nach dem Putsch 1991 wurde der Volksheld ein Symbol für die Überwindung des Sowjetsystems, dann aber fiel er bei den Bürgern in Ungnade: Er wird noch heute von vielen dafür verantwortlich gemacht, dass in seinem Reformchaos die Mehrheit verarmte, während einige Oligarchen Milliardenvermögen anhäufen konnten.

Nach dem Rücktritt Boris Jelzins konnte Wladimir Putin Russland stabilisieren und gewann damit den Rückhalt der Großzahl der Russen für sich. Doch die Opposition gegen ihn wuchs zunehmend. Auch an dem neuen Wirtschaftsaufschwung haben noch längst nicht alle Moskauer teil. Doch mehr als ein Drittel rechnet sich inzwischen selbst der neuen Mittelschicht zu – fährt im Urlaub manchmal in den Westen, schmiedet Studienpläne für die Kinder und bevölkert die zahllosen Cafés und Bars der Hauptstadt. Wenn Sie heute durch die lebhaften Straßen der russischen Metropole spazieren, wenn Sie noble Geschäfte, elegante Häuserfassaden und frisch renovierte Prachtmuseen passieren und die üppige Warenwelt der Märkte sehen, werden Sie kaum glauben, dass diese Stadt Anfang der 1990er-Jahre noch grau, trist und bedrückend war. Moskau blüht auf – in jeder Hinsicht, trotz aller Probleme. Und öffnet sich seinen Gästen aus aller Welt. Probieren Sie es aus!

> **Über ein Drittel aller Moskauer rechnet sich zur Mittelschicht**

Moskau blüht auf: zum Beispiel in den Cafés am Nikitskij Boulevard

IM TREND

Harte Tür

Nachtleben Wer sich in Moskau vergnügt ins Nachtleben stürzen will, steht gelegentlich vor verschlossenen Türen. Die Politik der Türsteher kann sehr streng sein – umso begehrter ist der Einlass in den In-Club. Wer dann aber auf der Dachterrasse der *Soho Rooms (Savvinskaja Naberezhnaja 12/8 | www.sohorooms.com | Foto re.)* steht, hat es geschafft. Das Edelambiente des Clubs samt Restaurant und Pool ist legendär. Dem prüfenden Blick des Türstehers müssen auch Besucher des *Krysha Mira (Kutusowski Prospekt 12/3 | www.kryshamira.ru)* standhalten – aber es lohnt sich. Die Lounge wartet mit entspannter Stimmung und guter Musik auf. Sogar im Restaurant ist der Eintritt bisweilen vorbehalten: etwa im glanzvollen *Turandot (Foto li.)*, dessen prächtiges Interieur 35 Mio. Euro gekostet haben soll.

Nachwuchsarbeit

Kunst Versteckt in den Katakomben einer alten Weinfabrik liegt das *Kunstzentrum Winsavod (4. Syromjatnitscheskij Pereulok 1–6 | www.winzavod.ru)*. Die neue Generation russischer Künstler stellt hier ihre Arbeiten aus und lockt die Jugend in Galerien wie die von Aidan Salachova *(www.aidangallery.ru | Foto)*. Nicht nur Malerei, sondern auch zeitgenössische Fotografien werden in dem rund 20 000 m² großen Areal gezeigt. Einer der spannendsten Aussteller ist *Photographer.ru (www.gallery.photographer.ru)*, der die Trennlinie zwischen Fotokunst und -journalismus verschwimmen lässt. Junge russische Künstler aller Couleur und Designer haben sich auch in der *Flacon-Designfabrik (Bolschaia Novodmitrovskaja Uliza 36/2 | www.flacon.ru)* niedergelassen. Auf dem großen Gelände einer ehemaligen Kristallfabrik im Norden der Stadt können sie nicht nur Ausstellungsräume mieten, sondern auch ihre Kunst verkaufen.

In Moskau gibt es viel Neues zu entdecken. Das Spannendste auf dieser Seite

Extrem anziehend

Mode Etwas Mut gehört schon dazu, wenn man Konstantin Gaydays Entwürfe tragen will. Der Modeschöpfer ist für seine ausgefallenen Kreationen bekannt – ein Kopfschmuck aus Federn oder knallbunte Lederclutches gehören zu seinem Repertoire. Der Russe, dessen Entwürfe auch *TSUM (Uliza Petrowka 2 | www.tsum.ru)* führt, ist aber nur einer von einer ganzen Reihe avantgardistischer Designer. Der Showroom von *Denis Simachev (Stoleschnikow Pereulok 12 | www.denissimachev.ru | Foto)* ist definitiv einen Besuch wert – auch weil er sich nachts in einen Szenetreff verwandelt. Eine breite Auswahl an Designs der schneidernden Nachwuchstalente gibt es bei *Ruspublica (Filippowskij Pereulok 7 | www.ruspublica.ru)*.

Stock & Stein

Parkour Der urbane Extremsport hat längst auch in der russischen Hauptstadt seinen Exotenstatus hinter sich gelassen. Beim Parkour werden Hindernisse kunstvoll und auf komplett andere Weise überwunden, als Architektur und öffentlicher Verkehr das vorgeben. Wie das geht, zeigt das Parkour-Festival, das die *Moscow Parkour Academy (www.parkouracademy.ru | Foto)* organisiert. Die Gruppe gibt täglich Kurse, sonntags wird ein Einsteigerworkshop angeboten. Bis November findet das Training im Freien statt, danach in der Halle. Auch Kurse mit einem englischsprachigen Trainer sind möglich. Ein weiterer Parkour-Anbieter ist das *Team Street Union (www.suteam.ru)*. Wer sich lieber selbst auf die Suche nach Gleichgesinnten oder Veranstaltungen in Moskau machen will, wird auf *www.traceurbook.ru* fündig.

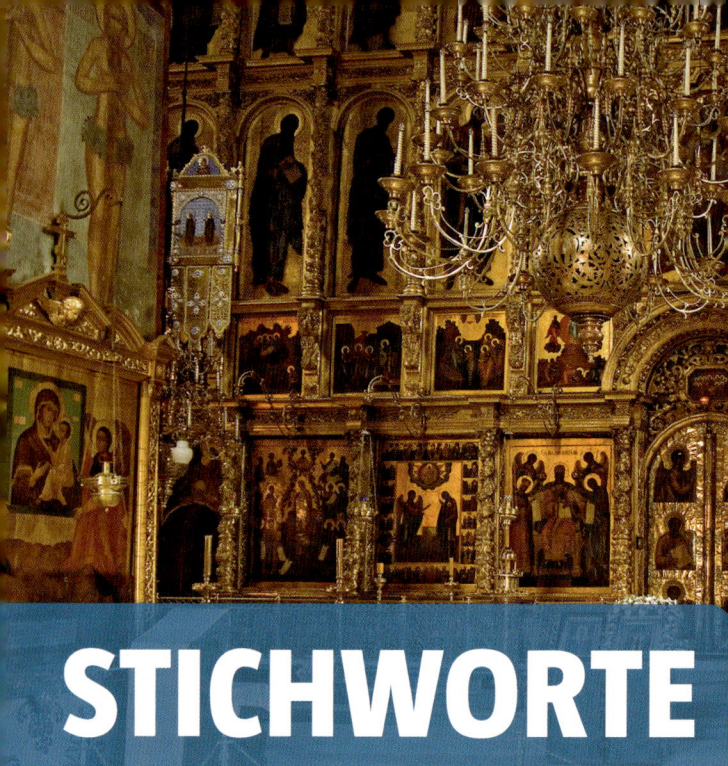

STICHWORTE

Banja

In der Banja, dem der finnischen Sauna ähnlichen russischen Dampfbad, geht es um körperliche Sauberkeit, aber auch um die Pflege der Seele. Der Banja-Besuch ist in jedem Fall ein Ereignis. Egal, ob es die traute Familien-Banja oder die städtische Groß-Banja ist, in der Männer und Frauen getrennt schwitzen müssen (oder auch nicht), die Dorf-Banja oder die private Luxus-Banja im neurussischen „Townhouse", sie fördert die Gesundheit und ebenso die menschlichen Beziehungen. Hier treffen sich alle – Bonzen und Bosse, Präsidenten und Bundeskanzler, ja selbst der ehrwürdige Patriarch der russisch-orthodoxen Kirche. Hier werden Geburtstage gefeiert, Geheimnisse besprochen und Intrigen geschmiedet.

Bauchtanz

Der Bauchtanz ist eigentlich keine russische Erfindung, sondern wurde aus Mittelasien adaptiert und avancierte mit der Zeit zu einem Muss. In vielen erstklassigen Restaurants gehören die Tänzerinnen mittlerweile noch selbstverständlicher zum Kulturgenuss beim Esserlebnis als die typische Zigeunerkapelle. Und auch Bauchtanzkurse in Sport- und Fitnessclubs sind dieser Tage ein Renner. Die Moskauerinnen der Mittelschicht treffen sich in Bauchtanzclubs, während ihre Männer zum Fußball gehen. Eine Stunde Schnuppertanzkurs bei *Academy Dance (Strastnoi Bulwar 12 | Tel. 495 2 23 16 67 oder 495 6 94 10 81 | Metro 2, 7, 9 Twerskaja, Puschkinskaja, Tschechowskaja):* 400 Rubel.

**Von der Banja bis zu Zuckerbäckerbauten –
Wissenswertes über die Vorlieben der
Moskauer und die Besonderheiten ihrer Stadt**

BLAULICHT UND BLECHLAWINE

Es gibt wohl keine Hauptstadt ohne Staatsbesuche, ohne Weiße Mäuse, schwarze Limousinenkolonnen und Staus. Für die Moskauer gehört der Staatsbesuch jedoch zum Alltag. Wenn der Präsident mit großem Tross von seinem Landsitz in den Kreml rollt und Minister und Abgeordnete zur Arbeit fahren, staut sich zum Ärger der Bürger die Blechlawine vor der Innenstadt achtspurig und das oftmals stundenlang. Da viele Politiker und Spitzenbeamte zudem die Lizenz für das Blaulicht haben, vergrößern sie das Chaos nur noch. Hinzu kommen zahllose Promis, die sich ihr Blaulicht unter der Hand beschafft haben. Eine ideenreiche Bürgerbewegung kämpft deshalb gegen die privilegierten „Blaueimer". Bisher konnten die Verkehrsprobleme Moskaus auch durch Stadtautobahnen nicht gelöst werden. Auch dass der Präsident mittlerweile oft mit dem Hubschrauber in den Kreml fliegt, hat die Situation nicht verbessert.

DATSCHA

Wer in Moskau war und keine Datscha besucht hat, hat Russland nicht gesehen. Die Datscha kann ein Palast oder eine Hütte sein, die Vorstadtvilla eines Oligarchen oder die Gartenlaube eines alten Ehepaars, das mit eigenem Gemüse die Rente streckt. Sie kann in einer alten Datschensiedlung vor der Stadt stehen – oder 100 km entfernt direkt im Wald. Datscha – das Wort allein lässt russische Herzen höherschlagen. Wie die Banja ist sie Fluchtpunkt aus dem Alltags- und Metropolenstress. Und Verkörperung einer nationalen Idee: eigener Boden und Freiheit.

Für viele Russen ist die Datscha der Rückzugsort schlechthin

DIALOG DER KULTUREN

Es gibt in Moskau kein Ghetto, kein Chinatown oder Kaukasierviertel. Dabei sind in Moskau alle 126 Nationen der russischen Föderation vertreten. Alteingesessene, aber auch Wanderarbeiter aus der Ex-UdSSR, Chinesen, Vietnamesen und Inder; mittelasiatische Gemüsehändler, Glücksritter, Studenten und Unternehmer. Die einen sind stolz, Georgier, Armenier oder Aserbaidschaner zu sein, die anderen pflegen ihre ukrainischen, kasachischen oder kirgisischen Wurzeln. Moskau ist dabei kein Schmelztiegel, sondern eher eine Bühne für den Dialog der Kulturen in allen Formen, nicht nur auf den Märkten und in Restaurants, sondern auch in den Theatern und Kinos. Russisch-orthodox ist die Mehrheit der Moskauer, aber neben deren Zwiebeltürmen stehen auch katholische und evangelische Kirchen, Moscheen und Synagogen in der Stadt. Moskau ist damit zwar eine europäische Metropole, aber auch Treffpunkt für Europa und Asien.

IKONEN

Ikonen sind nicht einfach bloß Kunstwerke und Heiligenbilder, sondern haben in der russisch-orthodoxen Kirche eine ganz besondere Bedeutung. Sie sind Ausdruck der Spiritualität der Gläubigen. Die Bilder von Christus, Maria und anderen Heiligen werden zutiefst verehrt, weil sie wie ein Fenster zum Himmel wirken. Im Sichtbaren wird das Unsichtbare gesehen. Manche Ikonen gelten gar als wundertätig. Die Kunst der Ikonenmalerei ist so alt wie die Kirche selbst. Die nach historischen, strengen Regeln meist auf Holz gemalten, manchmal vergoldeten Werke können sehr wertvoll sein, wenn sie von alten Meistern stammen. Ohne Genehmigung dürfen Ikonen deshalb keinesfalls exportiert werden.

GOLDENE KUPPELN

Zur Zarenzeit nannte man Moskau auch „die Goldköpfige" oder „das dritte Rom". 40 x 40 Kirchen zeugten vom Reichtum von Staat und Bürgern. Oft errichtete ein reich gewordener Kaufmann eine Hauskirche – aus Dankbarkeit und um die Sündenlast zu mindern. Ein Drittel dieser Kirchen hat die Sowjetzeit überstanden, da sie als Baustofflager oder Straßenbahndepots genutzt worden waren. Inzwischen gehören sie aber wieder der Kirche und es wird auch wieder gespendet. Für den Touristen kaum zu erkennen ist, welche der Gotteshäuser im Stadtbild nur restauriert und welche aus Spenden völlig neu aufgebaut wurden. So geschehen beispielsweise bei der Christi-Erlöser-Kathedrale oder der Kapelle vor dem Innenministerium am Oktoberplatz, die dort einen Kontrapunkt zu dem letzten großen Lenindenkmal der Stadt bildet.

KIRCHE

Weil die Gottesdienste im alten Byzanz so schön prunkvoll waren, ließ sich angeblich der Kiewer Großfürst Wladimir 988 nach dem Vorbild der byzantinischen Ostkirche orthodox und nicht katholisch taufen. Damit legte er den Grundstein für die Verbreitung des orthodoxen Glaubens in Russland. Im Gegensatz zur katholischen Kirche lehnt sie die Führung durch den Vatikan ab. Ihr Oberhaupt ist der weißbärtige Patriarch von Moskau und ganz Russland. Er gilt nicht wie der Papst als Stellvertreter Gottes auf Erden, sondern nur als dessen erster Diener. Bis heute hält die russisch-orthodoxe Kirche am sogenannten julianischen Kirchenkalender fest, der gegenüber dem westlichen und dem weltlichen Kalender inzwischen um 13 Tage verschoben ist. Im Zarenreich wurde die Kirche als Stütze des Staates reich, verlor aber nach der Oktoberrevolution an Wohlstand und Einfluss. Viele Kirchen wurden enteignet und als Lagerhallen oder Ähnliches zweckentfremdet. Erst die Perestroika Gorbatschows machte die Wiedergeburt der Kirche möglich. Und der Glaube boomt wieder, nicht nur bei den ganz normalen Russen. Wenn der ehrwürdige Patriarch Kyrill I. heute die prächtigen Weihnachts- und Ostermessen in der Christi-Erlöser-Kathedrale liest, ist auch die Kremlspitze mit dabei.

KWASS UND MJODOWUCHA

Bevor die Russen im 14. Jahrhundert auf den Wodka kamen, tranken sie Mjodowucha (Honigmet) oder Kwass, ein sprudelndes, fast alkoholfreies Gärgetränk auf Schwarzbrotbasis. Während Mjodowucha gegenwärtig nur noch recht selten getrunken wird, ist Kwass als Familiengetränk immer noch weit verbreitet. Kwass gibt es in jedem Supermarkt und in den meisten russischen Restaurants. Ganz alkoholfrei und sehr schmackhaft sind auch die verschiedenen russischen Beerensäfte.

LENIN

„Besuchen Sie Lenin, solange er noch daliegt", könnte man fast sagen angesichts der Diskussionen, ob der Führer des Weltproletariats und Gründer der Sowjetunion besser neben seiner Mutter in St. Petersburg begraben oder auf eine Wanderausstellung geschickt wer-

den sollte, um den roten Granitwürfel auf dem Roten Platz zu räumen.
Den martialischen Wachwechsel vor dem Mausoleum an der Kremlmauer gibt es bereits nicht mehr. Und auch bei den Siegesparaden am 9. Mai steht die Staatsspitze nicht mehr auf dem Mausoleum. Bislang kann man den kunstvoll konservierten Lenin jedoch noch besuchen. Und manch ein neureicher Russe hat sich beim Pflegepersonal für die Zeit nach dem eigenen Tod schon die fachgerechte Einbalsamierung bestellt.

LESEN

Die Moskauer lieben das Lesen. Wo sie gehen und stehen, haben sie ihre Lektüre dabei. Ob jung oder alt, selbst im dichtesten Berufsverkehr, in Bussen und auf den Rolltreppen der Metro stehen sie ganz vertieft – in Tolstois „Krieg und Frieden", in ein Management-Journal oder den letzten Harry-Potter-Band. Es mag daran liegen, dass Lesen die einzig sinnvolle Beschäftigung bei den stundenlangen Metrofahrten zur Arbeit ist. Die einen bilden sich weiter, die anderen vertreiben sich die Zeit. Russland erlebt einen regelrechten Bildungs- und Bücherboom. In manchen Cafés wirkt der angeschlossene Buchladen sogar als Publikumsmagnet bis morgens früh um vier. Immer öfter aber sieht man in der Metro in ihr E-Book vertiefte Leser.

MATROSCHKA

Die erste Matroschka erblickte als bescheidenes Kinderspielzeug um 1900 in Moskau das Licht der Welt. Die bemalten Holzpüppchen sind inzwischen aber zum begehrten Sammler- und Kunstobjekt und zu einem der Symbole Russlands geworden: Egal, ob in traditionellen Motiven, als Popart oder Karikatur – unter der glänzenden Oberfläche steckt immer noch eine weitere Überraschung.

SCHRIFTSTELLER

Die zeitgenössischen Dichter und Schriftsteller Russlands sind natürlich weltweit noch längst nicht so berühmt wie Tolstoi, Puschkin, Dostojewski, Tschechow oder Bulgakow, Gorki und Majakowski. Die Klassiker dieser Autoren waren zu ihrer Zeit nur zum Teil Unterhaltungsliteratur, sie fungierten auch als sozialkritisches Gewissen der Nation. Was die Autoren treffsicher beschrieben, ist auch heute noch lesenwert und betrifft viele aktuelle Probleme. In die Fußstapfen der Meister treten nun der skurrile Viktor Pelewin, die Krimiautoren Boris Akunin oder Ludmilla Ulitskaja und der Politdichter Dmitri Bykow. Literarisch weit entfernt von den Klassikern, wollen sie dennoch wie diese mit ihren Werken die Welt verändern. Lesenswert sind sie jedenfalls.

TRINKSPRÜCHE

Wer am Tisch seinen Wein, Wodka oder sein Bier trinkt, ohne einen Trinkspruch an die ganze Runde auszubringen, gilt als ungehobelt oder gar als Alkoholiker. Dabei ist ein russischer Trinkspruch nicht zu verwechseln mit dem schlichten deutschen „Prost". Er ist vielmehr eine meist wirklich von Herzen kommende, kunstvolle und witzige Tischrede, in der die gemeinsamen Probleme oder die Anwesenden direkt angesprochen werden. Versuchen Sie es doch mal!

WODKA

Wodka gilt als Nationalgetränk, tatsächlich wurde er aber von polnischen Kaufleuten erst im 14. Jh. ins Land gebracht. Der russische Forscher Dmitri Mendelejew entdeckte aber, dass 40-prozentiger Wodka am bekömmlichsten ist. Zar Iwan der Schreckliche verhängte als Erster ein Staatsmonopol für den Wodkaausschank, um damit seine Berufsarmee

STICHWORTE

der Strelitzen zu finanzieren. Das Beispiel machte international Schule. In Russland wurde das staatliche Wodkamonopol erst unter Boris Jelzin abgeschafft, dieser Tage wird über seine Wiedereinführung diskutiert. Trunksucht und gepanschter Wodka sind ein Riesenproblem für Russland. Jedes Jahr sterben 70 000 Menschen an gepanschtem Alkohol.

WOHNSILOS

Die sowjetischen Mietskasernen waren eine Notlösung für die Wohnungsnot nach dem Zweiten Weltkrieg. Wohnungen – das war der späte Leonid Breschnew. Die gesamte Stadt außerhalb des alten Zentrums besteht nur aus Plattenbauvierteln. Doch Armenghettos sind sie nicht; ihre Bewohner kommen aus allen Schichten. Seit Gorbatschow konnten die meisten Moskauer ihre Wohnungen kaufen und zum Teil luxuriös ausbauen. Die ganz Reichen zogen in neu gebaute Vorstadtvillen. Inzwischen werden weiträumig alte „Chruschtschowkas" abgerissen und die Bewohner in neue riesige Hochhäuser umgesiedelt, deren Wohnwert jedoch auch umstritten ist.

Stalins Erbe für Russlands Studenten: die Lomonossow-Universität im Zuckerbäckerstil

Chruschtschow musste Wohnraum für all jene Menschen schaffen, die in die Städte strömten. Die später „Chruschtschowka" getauften fünfstöckigen Wohnsilos, die auf Entwürfe Le Corbusiers zurückgingen, prägten neben den Zuckerbäckerhochhäusern das Bild der Stadt. Es folgten immer höhere, größere Plattenbauten. Moskauer können an der Stockwerkzahl ablesen, unter welchem Generalsekretär ein Haus gebaut wurde. 16 Etagen, sechs Treppenhäuser, 400

ZUCKERBÄCKERBAUTEN

Bis vor Kurzem prägten sie das Stadtbild: die bis 1954 erbauten Hochhäuser im Zuckerbäckerstil. Die pseudogotischen Monumentalbauten – die Lomonossow-Universität, das Außen- und das Eisenbahnministerium, zwei Hotels und zwei Wohnhäuser – sollten den Sieg der Sowjetunion verkünden. Sie bleiben Wahrzeichen Moskaus, auch wenn einige der neuen Glas-Beton-Bauten der Ära Putin sie inzwischen überragen.

DER PERFEKTE TAG
Moskau in 24 Stunden

09:00 RUNDGANG DURCH DIE GESCHICHTE

Wenn die Rubinsterne der Kremltürme in der Morgensonne funkeln und der *Rote Platz* → S. 37 einsam daliegt, ist die beste Startzeit. Machen Sie einen Rundgang durch die Geschichte: von der märchenhaften Basilius-Kathedrale Iwans des Schrecklichen über den Richtplatz Peters des Großen und das Jugendstil-Kaufhaus GUM des Zaren Nikolai II. bis zum Lenin-Mausoleum. Am Historischen Museum vorbei öffnet sich der Weg in die Stadt. Am Denkmal für Marschall Schukow, den Eroberer Berlins, lassen sich Doppelgänger des Zaren Nikolai, Lenins, Stalins und Breschnews fotografieren.

10:00 ZWISCHEN KULTUR UND POLITIK

Vor dem gewaltigen Stalin-Klotz des Luxushotels Moskwa stehen hölzerne Marktbuden, sammelt sich manchmal die Opposition um das Karl-Marx-Denkmal. Im prächtig renovierten *Bolschoi-Theater* → S. 85 gegenüber können Sie Karten für den Ballettabend erstehen. Ein Stück weiter eilen Duma-Abgeordnete aus ihren schwarzen Limousinen zur Parlamentssitzung.

11:00 PAUSE MIT BIEDERMEIER

Vom Puschkin-Denkmal aus, wo sich bereits die ersten Liebespaare treffen, schlendern Sie durch den Park des Boulevardrings zu jener Kirche, in der der Dichter getraut wurde. Nach dem Taubenfüttern ist es Zeit, im gemütlichen *Klub Majak* → S. 87 mit Biedermeiermöbeln zu stoppen.

12:00 ZU FUSS ZUR LEGENDE

Nicht weit ist es zur ältesten Fußgängerzone Moskaus, dem *Arbat* → S. 50 (Foto re.). Zur Zarenzeit wohnten hier Bürger, Adelige, Künstler und Dichter wie Gogol und Puschkin. Spazieren Sie an Restaurants, Souvenirläden und Straßenkünstlern vorbei zur Gedenkmauer für die Rocklegende Viktor Zoj. Heute noch schreiben seine Fans „Zoj lebt!" auf diese Wand.

13:30 GUCKEN, STÖBERN, GENIESSEN

Besuchen Sie die *Christi-Erlöser-Kathedrale* → S. 50 (Foto li.), die größte russisch-orthodoxe Kirche, und genießen Sie von der Patriarchen-Brücke aus den Panoramablick auf den Kreml. Treue-Schlösser von Liebespaaren hängen am Geländer. Am anderen Ufer stöbern Sie in der einstigen Schokoladenfabrik *Roter Oktober*

Die schönsten Facetten von Moskau kennenlernen – mittendrin, ganz entspannt und an einem Tag

→ S. 78 (Foto) durch die Galerien, Ateliers und Bars – bis zum Cocktail auf der Dachterrasse des Cafés Strelka.

15:30 SUBKULTUREN
Die Uferstraße führt Sie zum *Haus an der Moskwa* → S. 46, das Stalin für die Kremlelite bauen ließ – um dann die meisten Bewohner als Hochverräter zu beseitigen. Gegenüber auf dem Bolotnaja-Platz tauchen Sie im Sommer ins Zentrum der Subkulturen, Musik und Performances ein. Von hier starten Ausflugsboote, nebenan lockt die *Tretjakow-Galerie* → S. 47.

17:30 KUNST IM UNTERGRUND
Über die Metrostation Nowokusnezkaja Teatralnaja geht es dann zum *Platz der Revolution (Ploschad Revolutsii)* → S. 103, 1938 aus schwarzem Marmor und Granit gebaut, mit 76 Bronzefiguren.

18:00 DESIGN IN ALTER WEINFABRIK
Steigen Sie an der Station Kurskaja aus. In unmittelbarer Nähe steht das *Kulturzentrum Winsavod* → S. 16, die alte Weinfabrik beherbergt heute mehrere Galerien, einen Buchladen, Schmuckgeschäfte und Boutiquen russischer Künstler und Designer – von Graffiti bis Innenraum-Gestaltung, Video- und Science-Art.

20:00 GUTE KÜCHE GARNIERT MIT KULTUR
Zum Abendessen geht's direkt auf dem Gelände ins bezaubernde *ZurZum-Café* → S. 65. Es bietet europäische und russische Küche, garniert mit Filmen oder Lesungen. Am Eingang können Sie in einer „Fotobudka" schwarz-weiße Erinnerungsfotos machen.

23:00 TANZ IN DER FABRIK
Gleich nebenan in den vier Diskotheken auf dem Gelände der einstigen Gasfabrik brennt die Luft. Im Club *Arma 17* → S. 88 legen die besten internationalen DJs auf. Wer rein will, muss aber gut angezogen sein. Nicht ganz billig, aber sicher unvergesslich!

Startpunkt: Roter Platz
Metrolinien 1, 2, 3, 4: Ochotnyj Rjad, Teatralnaja, Ploschad Revoluzii, Aleksandrowski Sad und Biblioteka Imeni Lenina

SEHENSWERTES

> **CITY WOHIN ZUERST?**
> **Kreml (126–127 B–D 3–5)**
> *(G10–11):* Von hier aus erobern Sie Moskau am besten. Fahren Sie mit der Metro (Linien 1, 2, 4 zu den Stationen Ochotnyj Rjad, Teatralnaja, Aleksandrowski Sad). In direkter Kremlnähe liegen der Rote Platz, das Bolschoi-Theater, Alexandergarten, Manege, die Christi-Erlöser-Kathedrale und jenseits der Moskwa die Tretjakow-Galerie.

Das schönste Panorama von Moskau liegt Ihnen zu Füßen, wenn Sie hoch über der Moskwa auf den Sperlingsbergen südwestlich des Zentrums stehen: der weite, grün bewaldete Bogen des Flusses, das Neujungfrauenkloster linker Hand, malerisch wie eine kleine befestigte Stadt, und gold glänzende Kirchenkuppeln.

In der Ferne sehen Sie die Kremltürme mit ihren roten Sternen und die Zuckerbäckerbauten der Stalinära, die einst Moskaus Silhouette ausmachten. Heute prägen die bis in die Wolken ragenden Glastürme von *Moscow City* die Skyline der russischen Hauptstadt. Und es werden immer mehr, wie die vielen Baukräne zeigen. Moskau ist schon mittendrin im neuen Jahrtausend.

Wenn Sie Sehenswürdigkeiten außerhalb des Zentrums wie die Sperlingsberge schnell erreichen wollen, dann weichen Sie in den Moskauer Untergrund

Bild: Alexandergarten und Manegenplatz

Moskaus Fülle wird Sie in Atem und auf den Beinen halten. Wie schön, dass auf Schritt und Tritt Plätze zum Verschnaufen einladen

aus. Die Metro ist mit ihren alten, prunkvollen Stationen schon eine Sehenswürdigkeit für sich. Und die U-Bahn bringt Sie meist in nur einer halben Stunde aus der Innenstadt in die Plattenbauviertel der Außenbezirke, in denen auch alte Parkanlagen sowie Museen in romantischen Adelspalästen auf Sie warten.

Das Wichtigste liegt im Zentrum, rund um den Kreml: die Schatzkammer der Zaren im Kreml, die Kremlkirchen, der Rote Platz, das Lenin-Mausoleum, das Bolschoi-Theater, die Gemäldesammlung der Tretjakow-Galerie, das Troja-Gold im Puschkin-Museum, Kunstmuseen, Dichterwohnungen und historische Klosteranlagen hinter weißen Mauern. Jahre würden kaum ausreichen, um all das zu besichtigen. Die tausendjährige Geschichte des russischen Reichs ist stets ebenso präsent wie die sieben Jahrzehnte, in denen Moskau erst das Zentrum der Weltrevolution sein wollte und dann die Hauptstadt einer Supermacht war. Fast überall finden Sie architektonische Zeugen aller Epochen.

Die Karte zeigt die Einteilung der interessantesten Stadtviertel. Bei jedem Viertel finden Sie eine Detailkarte, in der alle beschriebenen Sehenswürdigkeiten mit einer Nummer verzeichnet sind

Die meisten Sehenswürdigkeiten in der City von Moskau sind zu Fuß gut erreichbar. Aber unterschätzen Sie die Entfernungen nicht. Dennoch ist ein Spaziergang nach wie vor die beste Möglichkeit, das rasante Tempo und das Ausmaß der Modernisierung in der Stadt zu erspüren. Vieles wirkt inzwischen auf den ersten Blick so, als wäre Moskau die größte europäische Millionenstadt. Doch der Schein trügt. Kultur und Traditionen haben ihre Wurzeln zwar in Europa, doch Gegenwart und Zukunft der Metropole liegen auch im Osten und in der Öffnung dorthin. Dieses spezielle Spannungsfeld unterscheidet Moskau von anderen Großstädten Europas, genauso wie natürlich auch die jüngere Geschichte der russischen Nation. Auf solche reizvollen Gegensätze und Widersprüche stoßen Sie bei Ihrer Besichtigungstour durch Russlands Metropole garantiert auf Schritt und Tritt. Ganz egal, ob Sie in Museen, Kirchen und Klöstern in die Geschichte der Weltstadt eintauchen oder den raschen Puls des modernen Moskau selbst dann noch spüren, wenn Sie in einem der Cafés am Manegenplatz oder im Gorki-Park entspannen.

Viele Anmerkungen in und an Sehenswürdigkeiten sind in englischer Sprache verfasst, dennoch besteht in kleineren Museen Verbesserungsbedarf. In einigen Einrichtungen bezahlen Ausländer mehr als Einheimische, Studenten erhalten oft ermäßigten Eintritt. Für Foto- und Videoaufnahmen müssen Sie in einigen Museen extra bezahlen.

SEHENSWERTES

KREML & ROTER PLATZ

Hinter den Kremlmauern mit ihren Zacken liegt das Zentrum der russischen Staatsmacht. Von hier aus regiert der Präsident ganz Russland.

Der Amtssitz ist zugleich auch ein einzigartiger Museums- und Kulturkomplex, der mit seinen Kunstschätzen, Kirchen und Zarengräbern – inklusive eines Saals für Popkonzerte – für jedermann zugänglich ist. Draußen vor der Kremlmauer erinnert Lenins Mausoleum an Sowjetzeiten. Der Rote Platz wird von Monumenten der Macht, des Glaubens und des Geschäfts begrenzt: Kremlmauer auf der einen Seite, Basilius-Kathedrale, Kaufhaus GUM und Historisches Museum auf den anderen. Seit das Auferstehungstor neben dem Museum wieder aufgebaut ist, können keine Interkontinentalraketen mehr zur Parade rollen. Stattdessen flanieren hier heute die Moskauer Bürger und ihre Gäste rund um den Kreml, vom Roten Platz durch den stillen Alexandergarten zu den vielen Straßencafés am Manegenplatz. *Kreml und Roten Platz erreichen Sie mit den Metrolinien 1, 2, 3, 4 Ochotnyj Rjad, Teatralnaja, Ploschad Revoluzii, Aleksandrowski Sad, Biblioteka Imeni Lenina*

1 ALEXANDERGARTEN (ALEKSANDROWSKI SAD)
(126 B–C 3–5) (*G10–11*).
Wo heute der Alexandergarten liegt, floss bis 1822 das Flüsschen Neglinnaja

---

MARCO POLO HIGHLIGHTS

★ **Freilichtmuseum Kolomenskoje**
Uralte Kirchen und Holzhäuser → S. 57

★ **Kreml**
Das Herz von Moskau: Stadtburg, Kirchen und Zentrum der Macht in einem → S. 32

★ **Christi-Erlöser-Kathedrale**
Die wichtigste Kathedrale der russisch-orthodoxen Kirche → S. 50

★ **Neujungfrauenkloster**
Hinter diesen Mauern verschwanden unbequeme Ehefrauen → S. 59

★ **Tretjakow-Galerie**
100 000 Werke aller Epochen und Länder → S. 47

★ **Manege**
Imposanter Ausstellungssaal im Marstall der Zaren → S. 51

★ **Alter Arbat**
Schöne Fußgängerzone im alten Künstlerviertel → S. 50

★ **Puschkin-Museum**
Vom Troja-Gold bis zum Impressionismus → S. 53

★ **Roter Platz**
Russlands gute Stube → S. 37

★ **Basilius-Kathedrale**
Iwan der Schreckliche ließ die Baumeister dieser Kirche blenden → S. 30

★ **Sergijew Possad**
Klosterstadt und Wallfahrtsort in ländlicher Abgeschiedenheit → S. 58

★ **Gorki-Park**
Oase der Stille mit vielen Sport- und Erholungsmöglichkeiten → S. 46

★ **Jüdisches Museum & Zentrum für Toleranz**
Neu und einzigartig in Moskau: interaktiv und mit 3-D-Kino → S. 57

KREML & ROTER PLATZ

an der Kremlmauer entlang. Weil es aber für die Befestigung überflüssig war, ließ Zar Alexander I. es in unterirdische Rohre verlegen und einen Lustgarten schaffen. Am *Grabmal des unbekannten Soldaten* im nördlichen Teil des Parks brennt eine ewige Flamme, stündlich wechselt die Ehrenwache. 1967 wurden hier Rotarmisten begraben, die bei der Verteidigung Moskaus fielen. An den Krieg erinnern auch die großen Steinquader für die sowjetischen Heldenstädte. Solche Denkmäler kümmern aber die Inlineskater ebenso wenig wie die Spaziergänger und Sonnenanbeter auf den Bänken und Rasenflächen vor den Kremlmauern. In den Amtssitz hinein führt von hier aus die *Dreifaltigkeitsbrücke,* die 1812 schon Napoleon benutzt hat. *Der Komplex ist rund um die Uhr geöffnet.*

2 AUFERSTEHUNGSTOR (WOSKRESSENSKI WOROTA)
(126–127 C–D3) (*G10*)

Das Auferstehungstor gibt zwischen dem roten Backsteingemäuer der einstigen Stadtduma und dem Historischen Museum den Blick auf den Roten Platz frei. Errichtet 1680, ließ Stalin es 1931 abreißen, weil es bei Militärparaden störte. 1995 wurde das Tor wiederaufgebaut. Davor markiert die ins Pflaster eingelassene Bronzeplatte den Nullpunkt aller russischen Fernstraßen. **INSIDER TIPP** Wer sich auf die Platte stellt und eine Münze über die Schulter wirft, hat einen Wunsch frei.

Noch von dieser Welt? Die zauberhafte Basilius-Kathedrale

3 BASILIUS-KATHEDRALE (SOBOR WASSILIJA BLASCHENOGO) ★
(127 D–E4) (*H10*)

Vom anderen Ende des Roten Platzes her leuchten die bunten, verspielten Zwiebeltürme der Basilius-Kathedrale, die als Symbol Moskaus, ja Russlands schlechthin gilt. Zar Iwan der Schreckliche ließ ihre Baumeister angeblich blenden, damit diese niemals mehr Vergleichbares bauen könnten. Das einzigartige Monument war 1555–1560 zur Feier der Eroberung der Tatarenhauptstadt Kasan errichtet worden. Acht Kirchen, jede mit einer andersfarbigen und individuell dekorierten Kuppel gekrönt, umringen eine neunte Kirche in der Mitte. Der Grundriss bildet ein russisch-orthodoxes Kreuz. 400 Ikonen und alte Fresken zieren die hoch aufstrebenden Innenräume. Der Vorplatz in Richtung Fluss wird scherzhaft Scheremetjewo III (I und II sind Moskauer Flughäfen) genannt, da hier 1987 der deutsche Abenteurer Mathias Rust mit einem Sportflugzeug landete. *Tgl. 11–18 Uhr, jeden 1. Mi im Monat geschl. | 250 Rubel*

SEHENSWERTES

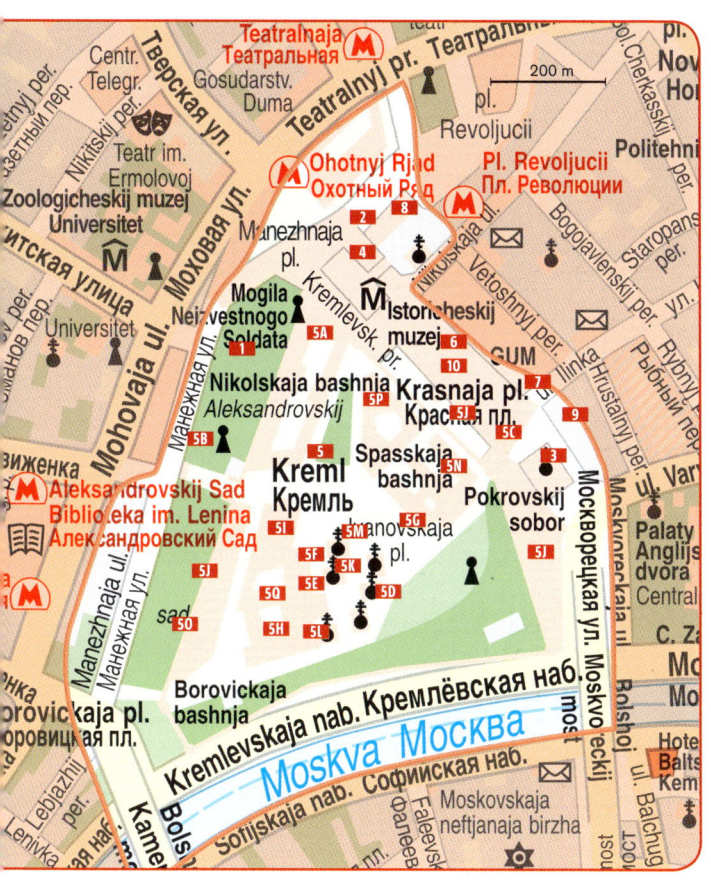

SEHENSWERTES IM KREML & AUF DEM ROTEN PLATZ

- **1** Alexandergarten
- **2** Auferstehungstor
- **3** Basilius-Kathedrale
- **4** Historisches Museum
- **5** Kreml
  - 5A Arsenal
  - 5B Dreifaltigkeitsturm
  - 5C Erlöserturm
  - 5D Erzengel-Kathedrale
  - 5E Facettenpalast
  - 5F Gewandniederlegungs-Kirche
  - 5G Glockenturm Iwan der Große
  - 5H Großer Kremlpalast
  - 5I Kongresspalast
  - 5J Kremlmauer
  - 5K Mariä-Entschlafens-Kathedrale
  - 5L Mariä-Verkündigungs-Kathedrale
  - 5M Patriarchenpalast
  - 5N Präsidium
  - 5O Rüstkammer & Diamantenfonds
  - 5P Senatsgebäude
  - 5Q Terempalast
- **6** Lenin-Mausoleum
- **7** Minin- & Poscharski-Denkmal
- **8** Muttergottes-von-Kasan-Kathedrale
- **9** Richtplatz
- **10** Roter Platz

31

KREML & ROTER PLATZ

Im Historischen Museum können Sie russische Geschichte auch probieren

🟥 HISTORISCHES MUSEUM (ISTORITSCHESKI MUSEJ)
(126 C3) (*G10*)

Das 1883 erbaute Museum ist der größte Ausstellungsort für russische Geschichte. Es bietet in 48 Sälen gute Dauer- und Sonderschauen und verfügt über einen Souvenirladen und ein Restaurant mit historischer Speisekarte. Das 11 m hohe und 100 t schwere *Denkmal für Marschall Schukow* (nahm 1945 Berlin ein) vor dem Museum wäre 1995 auf den Roten Platz gestellt worden, wenn dieser nicht als Unesco-Weltkulturerbe geschützt wäre. *Fr–Mo, Mi 10–18, Do 11–21 Uhr, 1. Mo im Monat geschl. | 300 Rubel | Krasnaja Ploschad 1 | www.shm.ru*

🟥 KREML ⭐
(126–127 B–D 3–5) (*G10–11*)

Als Fürst Juri Dolgoruki 1147 Freunde zu einem Gelage nach Moskau einlud, weil es sich hier angeblich besonders gut feiern ließ, gab es noch keinen Kreml, sondern lediglich eine kleine Siedlung auf einem 40 m hohen Hügel zwischen den Flüssen Moskwa, Neglinnaja und Jausa. Jedenfalls blieb die Veranstaltung in guter Erinnerung und gilt als Gründungsdatum Moskaus. Bei seinem nächsten Besuch 1156 gab Dolgoruki den Auftrag, an jener Stelle, wo gefeiert worden war, einen *Kreml* zu errichten, also eine befestigte Stadtburg. Schutz vor den Tataren boten die ersten bescheidenen Holzpalisaden des Moskauer Kreml allerdings kaum. Erst der Großfürst Iwan Kalita, Steuereintreiber der Tataren, konnte 1326 die Mittel für die erste steinerne Kirche aufbringen, woraufhin das Oberhaupt der russisch-orthodoxen Kirche seinen Amtssitz von Wladimir nach Moskau verlegte. Iwan III. schließlich lud italienische Baumeister ein, die ihm die prächtigen Kremlkirchen und Paläste bauten. Der Kreml ist nicht nur die Keimzelle Moskaus, sondern auch des gesamten russischen Reichs. In ihm und seiner Archi-

SEHENSWERTES

tektur konzentrieren sich militärische Macht, Glaube und Reichtum. *Fr–Mi 10–17 Uhr | 350 Rubel, im Eintritt enthalten ist das architektonische Ensemble des Kathedralenplatzes; der Glockenturm Ivan der Große kostet 150, die Rüstkammer 700 Rubel extra | Haupteingang mit Ticketschalter vor der Dreifaltigkeitsbrücke am Dreifaltigkeitsturm | Taschen werden am Eingang kontrolliert | www.kreml.ru*

5A ARSENAL

Das Arsenal ist Sperrzone. Hier ist das Wachregiment des Kreml untergebracht. Von April bis Oktober findet jeweils samstags um 12 Uhr auf dem Kremlplatz eine sehenswerte **INSIDER TIPP** Parade des berittenen Kreml-Regiments in historischen Uniformen statt. Am letzten Samstag des Monats ist sie jeweils um 14 Uhr auf dem Roten Platz zu bewundern.

5B DREIFALTIGKEITSTURM (TROITSKAJA BASCHNJA)

Er ist der wichtigste und mit 76 m auch der höchste der Kremltürme und gilt als Gegenstück zum Erlöserturm. Der Dreifaltigkeitsturm birgt den Hauptbesuchereingang zum Kreml und führt über die Dreifaltigkeitsbrücke in den Alexandergarten.

5C ERLÖSERTURM (SPASSKAJA BASCHNJA)

1491 wurde der Erlöserturm in der Kremlmauer gebaut, der es nach einer späteren Ausbaustufe heute auf 71 m Höhe bringt. Seinen Namen trägt er nach einer Christus-Ikone über dem Tor, einst der Haupteingang zum Kreml. Das Glockenspiel intonierte früher „Gott schütze den Zaren", heute spielt es die russische Nationalhymne.

5D ERZENGEL-KATHEDRALE (ARCHANGELSKI SOBOR)

Die Erzengel-Kathedrale ist die Grabstätte der Moskauer Großfürsten und Zaren, von den Rurikiden – der Herrscherfamilie, der Iwan IV., der Schreckliche, angehörte – bis zum Haus Romanow. Iwan IV. und seine zwei Söhne ruhen im Altarbereich. 1812 richteten Napoleons Truppen hier eine Feldküche ein. 1917 wurde die Kirche durch Beschuss beschädigt und geschlossen. Seit 1955 ist sie als Museum

ENTSPANNEN & GENIESSEN

Der schönste Wellnesstempel Moskaus ist die ● *Banja Sanduny* (130 A5) (*G9*) (*tgl. 8–22 Uhr | Einzelbanja 24 Std. ab 1400 Rubel | Tel. 495 6 25 46 31 | Uliza Neglinnaja 14 | www.sanduny.ru | Metro 7 Kusnetski Most*). „Banja" heißt Dampfbad und ein Genuss für Kopf und Körper gleichermaßen. Der barocke Palast mit den vergoldeten Stuckdecken entstand schon zur Zeit Katharinas II., wurde aber gründlich modernisiert. Sie können eine Privatbanja mit zwei bis zwölf Plätzen bestellen oder spontan nach dem Stadtbummel die große Banja und das römisch inspirierte Schwimmbecken genießen. In der öffentlichen Banja saunieren Frauen und Männer übrigens getrennt. Sie können sich auch massieren und frisieren lassen, den Schönheitssalon besuchen, Bier trinken und sich aus einem der besten Moskauer Restaurants Essen kommen lassen. Das ist wahre Moskauer Schwitzkultur!

KREML & ROTER PLATZ

zugänglich, seit 1992 werden hier wieder Gottesdienste abgehalten.

5E FACETTENPALAST (GRANOWITAJA PALATA)

Auch dieser Palast, der den Thron- und Empfangssaal des Zaren beherbergt, wurde ab 1485 von Italienern gebaut. Im 495 m² großen Saal, dessen Kreuzgewölbe sich auf eine einzige Mittelsäule stützen, fand auch die Adelsversammlung, der Bojarenrat, statt. Aufgrund der schönen Ikonen und Schnitzereien wird er heute für Empfänge des Präsidenten genutzt. Die Öffentlichkeit hat keinen Zugang.

5F GEWANDNIEDERLEGUNGS-KIRCHE (TSERKOW RISOPOLOSCHENIJA)

Die etwa zur gleichen Zeit gebaute Gewandniederlegungs-Kirche war die Hauskirche der Patriarchen von Moskau. Auf der Ikonostase von 1627 ist dargestellt, wie das Gewand Marias aus Palästina nach Konstantinopel gebracht wird. In dem Gotteshaus ist eine Dauerausstellung untergebracht, in der alte russische Holzskulpturen zu sehen sind.

5G GLOCKENTURM IWAN DER GROSSE

Der Turm von 1505 überragte mit seinen 81 m Höhe auf dem 40 m hohen Kremlhügel lange alle Bauwerke Moskaus. Von hier aus konnte Zar Iwan der Schreckliche ganz Moskau überblicken. Höher durfte damals nicht gebaut werden. 1812 überstand der Glockenturm die Sprengungen der abziehenden Franzosen.
Rechts vom Turm steht die gewaltige *Zaren-Kanone* von 1586, die mit einem Kaliber von 120 cm über 5 m lang und 39 t schwer ist. Die Wunderwaffe hat aber noch nie einen einzigen Schuss abgegeben. Ebenso wie die *Zaren-Glocke* links vor dem Glockenturm noch nicht einmal geläutet hat, weil bei einem Brand im Jahr 1737 ein mächtiges, 12 t schweres Stück davon absprang. *Besichtigungen sind für jeweils 45 Min. um 10.15, 11.30, 13.45, 15 und 16 Uhr möglich | Kinder bis zwölf Jahre haben keinen Zutritt*

5H GROSSER KREMLPALAST

Obwohl die russische Hauptstadt seit Peter dem Großen St. Petersburg hieß, ließ Zar Nikolai I. den Großen Kremlpalast bauen, um auch bei seinen Besuchen in Moskau eine Residenz zu haben, die der besonderen Bedeutung Russlands in Europa entsprach. Die klassizistische Hauptfassade ist 131 m lang. Im prachtvollen Georgssaal gibt der russische Präsident heute Empfänge.

5I KONGRESSPALAST

Der Glas-Beton-Klotz mit über 5000 Sitzplätzen für Parteitage und Volkskongresse wurde 1961 einfach in den Kreml hineingebaut. Heute werden hier öfter Popkonzerte mit internationalen Stars veranstaltet. Ein Besuch des Gebäudes lohnt sich schon wegen des Ambientes.

5J KREMLMAUER

Erst rund 40 Jahre nach dem Bau der ersten steinernen Kirche, 1366, konnte Großfürst Dmitri Donskoi Mauern rund um den Kreml finanzieren und besiegte sodann dank der guten Befestigung 1380 erstmals die Tataren. Moskau wuchs weiter um den Kreml herum. 70 000 Menschen suchten im Jahr 1571 beim letzten Überfall der Krimtataren Schutz auf den 28 ha des Kreml. Unter Iwan III. und seinen italienischen Baumeistern entstand ab 1485 auch die bis zu 9 m hohe und bis zu 6,5 m dicke, zinnenbewehrte Mauer aus rotem Backstein. Sie misst 2235 m und besitzt 20 Wehrtürme, von denen die meisten einen eigenen Namen tragen. Die Doppeladler des zaristischen

SEHENSWERTES

Nur eine der prächtigen Kirchen innerhalb der Kremlmauern: Mariä-Verkündigungs-Kathedrale

Russlands, die einst die hohen Kremlecktürme zierten, wurden 1937 durch rubinrote Sowjetsterne ersetzt, die mit bis zu 4 m Durchmesser nachts weithin leuchten und anzeigen, wo das Zentrum Russlands liegt.

5K MARIÄ-ENTSCHLAFENSKATHEDRALE (USPENSKI SOBOR)

Der ab 1470 gebauten Krönungskirche der Zaren ist der italienische Renaissanceeinfluss deutlich anzusehen. Fresken von 1481 sind an der Altarwand erhalten geblieben, die prächtige Ikonostase entstand erst 1653. Die Kathedrale war lange Zeit der Sitz des Patriarchen und damit religiöses Zentrum des ganzen Landes. Hier wurden Metropoliten und Patriarchen geweiht – und auch bestattet. Sie können aber auch einen prunkvollen Thron Iwans des Schrecklichen besichtigen. In der Kathedrale werden zwar seit 1990 wieder Gottesdienste abgehalten, sie fungiert aber in erster Linie als Museum.

5L MARIÄ-VERKÜNDIGUNGSKATHEDRALE (BLAGOWESCHTSCHENSKI SOBOR)

Iwan III. gab diese Kathedrale Ende des 15. Jhs. bei russischen Baumeistern aus Pskow anstelle einer Holzkirche in Auftrag. Iwan der Schreckliche, der Gotteshäuser wegen seiner fünften Heirat nicht mehr betreten durfte, ließ der Legende nach später einen kleinen Anbau errichten, um von dort aus dem Gottesdienst beizuwohnen. Die Kathedrale war die Hauskirche der Zaren vor Peter I. Ihr gesamter Innenraum enthält Fresken.

5M PATRIARCHENPALAST

Der Palast wurde 1653 für die Heilige Synode und den Patriarchen Nikon gebaut, der mit seinen Kirchenreformen zur Abspaltung der Altgläubigen beitrug. Er beherbergt zwei Kirchen, Mönchszellen und eine Halle, in der Salböl zubereitet wurde. Heute zeigt das *Museum für Volkskunst und Kultur des 17. Jhs.* hier Schmuck, Geschirr und Möbel.

KREML & ROTER PLATZ

5N PRÄSIDIUM
Das ehemalige Kremltheater entstand anstelle zweier Klöster nach der Revolution und wurde noch in den 1950er-Jahren weiter ausgebaut. Im Theatersaal tagten später Sowjetdelegierte. Das Gebäude ist für die Öffentlichkeit nicht zugänglich.

5O RÜSTKAMMER & DIAMANTENFONDS
Die Schatzkammern der Zaren sind ebenfalls in den Großen Kremlpalast integriert, aber separat zugänglich. Seit 1508 wurde in Rüstkammer und Diamantenfonds Schmuck und Zierrat der russischen Herrscher zusammengetragen: Staatsgeschenke, Zarenkrone, Reichszepter, ein diamantengeschmückter Thron, Brillanten, die größte Kutschensammlung der Welt und die sehenswerten *Fabergé-Eier*, riesige Goldnuggets und Edelsteine in allen erdenklichen Farben und Formen. Die Rüstkammer hat einen eigenen Eingang (126 B6), sie kann unabhängig vom Kreml um 10, 12, 14.30 und 16.30 Uhr besichtigt werden.
Wer eine entspannende Abwechslung nach all dem Funkeln und Glitzern sucht, geht ein paar Schritte in Richtung Moskwa-Fluss und Kremlmauer INSIDER TIPP in den kleinen Park, einer Oase der Ruhe im Zentrum der Macht.

5P SENATSGEBÄUDE
Die Staatsflagge weht über der Kuppel des Senatsgebäudes von 1787. Den Festsaal darunter nutzte zunächst der russische Adel, später das Zentralkomitee der KPdSU. Nach Lenin, Stalins Generalstab und den KPdSU-Generalsekretären amtiert hier heute der Präsident.

5Q TEREMPALAST
Diese einstige Residenz der Zaren vor Peter I. ist wie Facetten- und Patriarchenpalast seit 1851 in den riesigen Neubau des Großen Kremlpalasts integriert und liegt ganz versteckt. Nur das Dach und die elf kleinen Zwiebeltürme der angeschlossenen Privatkapelle sind noch zu sehen.

6 LENIN-MAUSOLEUM ● (127 D4) (*G10*)
Das 1930 entstandene Mausoleum, in dem trotz gegensätzlicher Überlegungen nach wie vor der einbalsamierte Führer des Weltproletariats besichtigt werden kann, gilt manchen Einwohnern Moskaus ebenso wie die Gräber von Stalin und anderen Sowjetgrößen an der Kremlmauer als Ärgernis. *Di–Do, Sa/So 10–13 Uhr | Rucksäcke, Taschen, Fotoapparate und Handys müssen abgegeben werden*

7 MININ- UND POSCHARSKI-DENKMAL (127 D4) (*H10*)
Fast wichtiger als Lenins Mausoleum scheint inzwischen so manchem Moskauer Bürger das Denkmal für Kusma Minin und Fürst Dmitri Poscharksi direkt vor der Basilius-Kathedrale zu sein. Die beiden Männer organisierten 1612 einen erfolgreichen nationalen Aufstand gegen die polnischen Besatzer im Kreml.

8 MUTTERGOTTES-VON-KASAN-KATHEDRALE ● (127 D3) (*G10*)
Auch die gegenüberliegende, anheimelnd kleine Kathedrale der Muttergottes von Kasan verdankt ihre Entstehung der Vertreibung der polnischen Invasoren aus Moskau, weil die Ikone der Gottesmutter von Kasan, welche die Kathedrale ursprünglich beherbergte, laut Erzählungen Fürst Poscharksi zum Sieg verholfen haben soll.

9 RICHTPLATZ (LOBNOJE MESTO) (127 D4) (*H10*)
Ursprünglich lag der Richtplatz der Zaren mitten auf dem Roten Platz. So ließ Peter der Große hier einst beispielswei-

SEHENSWERTES

KITAIGOROD & DER NORDOSTEN

se 200 aufständische Strelitzen köpfen. Unter Stalin wurde das Steinpodest, welches zu früheren Zeiten auch zur Verkündung von Dekreten und Gesetzen diente, schließlich aber in Richtung Basilius-Kathedrale verschoben, damit es nicht bei den großen Paraden störte.

10 ROTER PLATZ (KRASNAJA PLOSCHAD) ★
(126–127 C–D 3–4) (*m* G10)

Der Vorhof des Kreml ist heute so etwas wie die gute Stube Russlands. In frü-

Direkt an den Roten Platz hinter dem Kaufhaus GUM grenzen die ältesten und lebendigsten Viertel Moskaus.

In den Resten der Stadtmauer am Theaterplatz haben sich Restaurants und Boutiquen eingerichtet. Und die Hochburgen

Nicht nur „rot", sondern auch „schön": der Rote Platz, Russlands gute Stube

heren Zeiten ein Markt- und Versammlungsplatz, wurde er auch „Brandplatz" genannt, da die Marktbuden darauf so häufig abbrannten. „Roter Platz" heißt er erst seit Iwan IV. Und das nicht nur wegen seiner Farbe: „Rot" bedeutet im Russischen auch so viel wie „schön". Besondere Attraktion im Winter: Beim Lenin-Mausoleum wird eine ● *Eisbahn* (Dez.–11. März tgl. 10–23.30 Uhr | 250 Rubel) aufgebaut.

der Politik ballen sich in diesem Gebiet: Parlament, Verfassungsgericht und Ministerien, Präsidentenadministration und FSB-Geheimdienstzentrale an der Lubjanka. Kultur und Konsum suchen die Nähe der Macht. Neben dem Bolschoi-Theater liegen fast ein Dutzend weiterer Schauspielhäuser, der Staatszirkus, Kaufhäuser und die prächtigsten Hotels der Stadt. Weiter hinter der Lubjanka floriert die Kneipenszene in Häusern aus der Za-

KITAIGOROD & DER NORDOSTEN

renzeit. In den ruhigen Hinterhöfen und Gassen, an den Gebäuden, von denen der Putz blättert, hält sich beharrlich ein Hauch des alten Moskau. Die Baukräne sind hier noch nicht angekommen.

Kitaigorods Hügel waren schon im 11. Jh. besiedelt. Der Ursprung des Namens ist umstritten. Er kommt aber nicht vom russischen Wort „Kitai" (China), wie früher angenommen, sondern wohl von „Kita", dem Begriff für Bündel von Holzstangen, die im 15. Jh. beim Bau von Befestigungsanlagen verwendet wurden. Seitdem hatte auch Kitaigorod einen Wall mit Palisaden. 1538 wurde die steinerne Stadtmauer fertig und das Viertel entwickelte sich rasant. Hier lag der Münzhof, druckte man erstmals ein Buch in Russland und gründete im 17. Jh. die erste russische Akademie. 40 Kirchen sorgten fürs Seelenheil. 1812 wurde Kitaigorod beim Großen Brand zerstört und ganz neu aufgebaut. Vor 1917 war es mit seinen Jugendstilhäusern Handels- und Finanzzentrum Moskaus. Reste der Stadtmauer sind am Theaterplatz und Richtung Moskwa-Fluss erhalten.

Im großen Bogen ums alte Moskau: der Boulevardring

1 ALTER PLATZ & NEUER PLATZ (STARAJA PLOSCHAD & NOWAJA PLOSCHAD) (127 F2–3) (*M* H–J 9–10)

Die ineinander übergehenden Plätze lagen direkt vor der alten Stadtmauer Kitaigorods, bis sie 1934 von Stalin niedergelegt wurde. Anstelle der Mauer entstanden Gebäude für das Zentralkomitee der KPdSU, in denen heute die Büros der Präsidentenadministration untergebracht sind. Am *Neuen Platz* liegt auch das *Polytechnische Museum*, das für zwei bis drei Jahre wegen Renovierungsarbeiten geschlossen ist. In der Grünanlage des *Alten Platzes* erholen sich im Sommer Angestellte aus den umliegenden Ämtern. *Metro 1, 6, 7 Lubjanka, Kitaigorod*

2 BOLSCHOI-THEATER
(126–127 C–D1) (*M* G9)

Bolschoi heißt groß. Das ist das Gebäude des Theaters, noch größer aber der weltweite Ruhm seines Ensembles. 1825 nahm Alexander I. erstmals in der eigenen Zarenloge Platz. Das neoklassizistische Gebäude der Architekten Ossip Bowe und Andrei Michailow mit seinen acht gigantischen Säulen und der Quadriga des Apolls entsprach dem imperialen Schwung des russischen Reichs. In Europa war nur die Mailänder Scala größer. 2155 Besucher finden Platz in dem ganz in Rot und Gold gehaltenen Saal. Seinen Ruhm begründeten im 19. Jh. Komponisten wie Pjotr Tschaikowski und Nikolai Rimski-Korsakow und Sänger wie Fjodor Schaljapin. Selbst in der Sowjetzeit blieb das Bolschoi z. B. mit Primaballerina Maja Plissezkaja ein Wahrzeichen. In der Zarenloge saß nun Ballettliebhaber Breschnew. *Führungen nur in russischer Sprache Mo, Mi, Fr um 12 Uhr, max.*

SEHENSWERTES

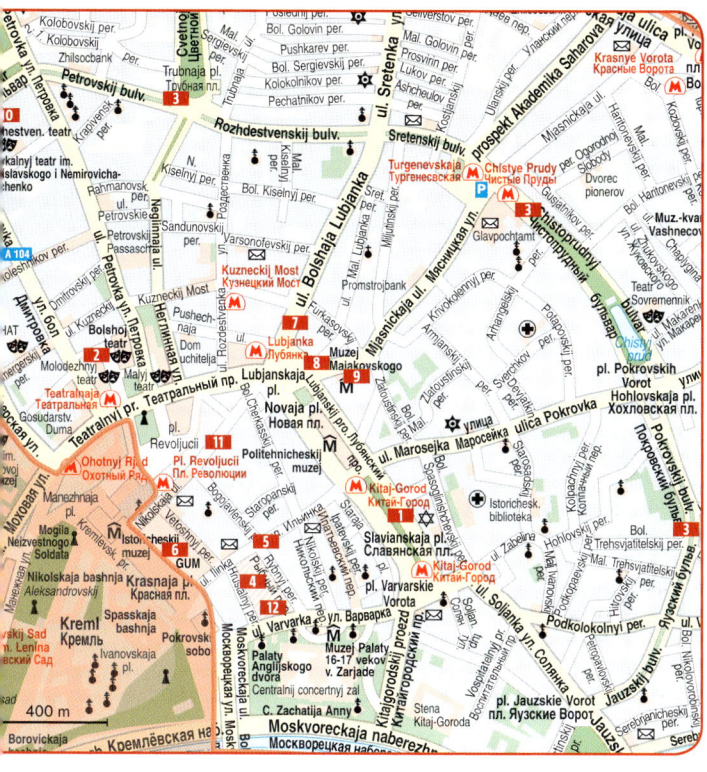

SEHENSWERTES IN KITAIGOROD & IM NORDOSTEN

1. Alter Platz & Neuer Platz
2. Bolschoi-Theater
3. Boulevardring
4. Gostinny Dwor
5. Iljinkastraße
6. Kaufhaus GUM
7. Lubjanka (Geheimdienstzentrale)
8. Mahnmal für die Opfer der Stalinschen Repressionen
9. Majakowski-Museum
10. Museum der modernen Kunst
11. Nikolskajastraße
12. Warwarkastraße

15 Pers., 1 Std. | 500 Rubel | Teatralnaja Ploschad 1 | Tel. 495 6 92 00 25 | www.bolshoi.ru | Metro 2 Teatralnaja

3 BOULEVARDRING (BULWARNOJE KOLTSO)
(129 D–F 4–6) (130 A–C 4–6) (134 C–D 1–2) (💢 E–K 8–11)
Der grüne Gürtel des Boulevardrings umschließt in weitem Bogen um den Kreml das Moskau des 18. Jhs. Der Mittelstreifen ist ein fast durchgängiger Spazierweg. Vom Kreml einige Hundert Meter Richtung Osten zieht er sich einen Hügel hoch. Links und rechts liegen ruhige, alte Wohnviertel, in denen sich vereinzelt Kirchen und Herrschaftshäuser verstecken. Der Park an den *Sauberen Teiche (Tschistyje Prudy)* (130 C5) (💢 K9) ist ein beliebter Treffpunkt bei Jugendlichen und

KITAIGOROD & DER NORDOSTEN

in der Heavy-Metal-Szene. Zwischen der Haltestelle „Saubere Teiche" und der gleichnamigen Metrostation verkehrt das Straßenbahncafé „Annuschka", in dem es Wodka und Instantkaffee gibt. Das **INSIDER TIPP** *Mariä-Geburts-Kloster (Roschdestwenski Monastyr)* (130 A4) (*H8*) (*tagsüber meist geöffnet*) einige Hundert Meter weiter westlich auf dem Ring entstand 1386 am einstigen Ufer des Neglinnaja-Flusses. Es gehörte wie das *Hohe-Petrowski-Kloster (Wysoko Petrowski Monastyr)* (129 F4) (*G8*) (*tagsüber meist geöffnet*) auf dem nächsten Hügel zu einem Ring von Wehrklöstern rund um die Stadt. Beide Klöster können Sie besichtigen. Sie beeindrucken durch ihre Kirchen und die Ruhe hinter den Mauern.

Zwischen den beiden Klöstern liegt in einer Senke der *Röhrenplatz (Trubnaja Ploschad)* (130 A4) (*H8*). Nichts erinnert mehr daran, dass hier 1953 nach dem Tod Stalins im Gedränge der Trauernden über hundert Menschen starben. Im weiteren Verlauf trifft der Boulevardring dann am Puschkin-Platz auf die Twerskaja-Straße. *Metro 1, 6, 7, 9 Tschistyje Prudy, Turgenewskaja, Puschkinskaja, Trubnaja*

▪ 4 GOSTINNY DWOR
(127 E4) (*H10*)

Der größte Gebäudekomplex nach dem GUM ist der Handelshof, der unter Katharina II. von dem Italiener Giacomo Quarenghi 1790 neu aufgebaut wurde. Die Säulenfassade und die vielen Geschäfte und Clubs sind erhalten geblieben. Der granitgepflasterte, 12 000 m² große Innenhof wird vom **INSIDER TIPP** größten frei tragenden Glasdach Europas (mit Schneeschmelzeinrichtung) überspannt. Im klimatisierten Hof werden Konzerte, Festivals und Ausstellungen organisiert. Die benachbarte Börse wurde 1875 gebaut. Im Saal fanden über 1000 Händler Platz. Heute ist hier die russische Industrie- und Handelskammer untergebracht. *Uliza Iljinka 4 | Metro 6, 7 Kitaigorod*

▪ 5 ILJINKASTRASSE (ULIZA ILJINKA)
(127 D–F 3–4) (*H10*)

Die Iljinka ist eine der Hauptadern Kitaigorods und führt in dessen Mitte vom Erlöserturm bis zum Neuen Platz und zur Präsidentenadministration. Sie steht heute – wie schon bis zum 18. Jh. – für das Handelszentrum Moskau. *Metro 6, 7 Kitaigorod*

▪ 6 GUM (127 D3–4) (*G–H10*)

Das Kaufhaus GUM, das mit seinen Glaskuppeln und seiner weißen Fassade den Roten Platz gegenüber dem Kreml begrenzt, galt 1893 als größter, modernster Konsumtempel der Welt. Gebaut wurden die früheren *Oberen Handelsarkaden* auf Anweisung des Zaren, finanziert von der Moskauer Kaufmannsgilde. 1921 verstaatlichte man sie und nannte sie GUM („Staatliches Universal-Magazin"). Zum Ende der Sowjetunion redu-

SEHENSWERTES

zierte sich das Warenangebot auch hier auf Gurkengläser. Zeitweise brachte man Behörden im Gebäude unter. Mittlerweile ist auf 80 000 m² Fläche von Edelkosmetik bis hin zu Golduhren wieder alles zu finden. Es gibt aber INSIDER TIPP auch günstige Cafés und Restaurants. *Tgl. 10–22 Uhr | Krasnaja Ploschad 3 | www.gum.ru | Metro 1, 2, 3 Ochotnyj Rjad, Teatralnaja, Ploschad Revoluzii*

7 LUBJANKA (GEHEIMDIENSTZENTRALE) (127 F1) (*H9*)

Lubjanka ist Synonym für den KGB und ein Begriff für das Grauen der Stalinschen Repressionen. „Lubjanka" wurde der Ort wohl von Tausenden Nowgoroder Bürgern getauft, die Iwan III. nicht geköpft, sondern nach Moskau zwangsumgesiedelt hatte. Der Name erinnerte sie an eine Straße in Nowgorod. Das wuchtige Gebäude, heute die Zentrale des Inlandsgeheimdienstes FSB, wurde 1900 mit Luxusapartments und Geschäften für eine Versicherungsgesellschaft gebaut und erst nach der Oktoberrevolution vom Staatssicherheitsdienst übernommen. Seit 1920 diente es als Gefängnis und wurde 1933 durch neue Zellen auf vier Etagen erweitert. 1953 wurde Innenminister und Geheimdienstchef Lawrentij P. Berija hier erschossen. 1979–82 ließ KGB-Chef Juri Andropow rechts neben dem Hauptgebäude ein Rechenzentrum errichten, links entstand ein Neubau für die KGB-Führung. 1991 stürzten Demonstranten das Denkmal für KGB-Gründer Felix Dserschinski. *Lubjanskaja Ploschad 5 | Metro 1 Lubjanka*

8 MAHNMAL FÜR DIE OPFER DER STALINSCHEN REPRESSIONEN (127 F2) (*H9*)

An all die Opfer der Repressionen unter Stalin soll der Findling aus dem Straflager der Solowetski-Inseln im Weißen Meer am Rand des Lubjanka-Platzes erinnern. Die Menschenrechtsorganisation *Memorial* richtete die Gedenkstätte nahe der einstigen KGB-Zentrale, dem Symbol der Unterdrückung, ein. *Lubjanskaja Ploschad | Metro 1 Lubjanka*

Ein Gebäude mit bewegter Geschichte: die ehemalige Geheimdienstzentrale des KGB

KITAIGOROD & DER NORDOSTEN

9 MAJAKOWSKI-MUSEUM (MUSEJ IM. MAJAKOWSKOGO) (127 F1) (*m* H9)

Das Museum ist in einem Gebäude gleich neben der KGB-Zentrale eingerichtet worden, in dem der bekannteste Sowjetpoet Wladimir Majakowski von 1919 bis zu seinem Selbstmord 1930 lebte. Eine INSIDER TIPP schräge Metallkonstruktion markiert den Eingang in die Welt des Futurismus. Eines der Zimmer ist noch immer eingerichtet wie zu Majakowskis Zeiten, in anderen Räumen wird das Werk des Autors dokumentiert: Manuskripte, Schreibmaschinen, Propagandaplakate und bemalte Kanonenkugeln sind zu sehen. *Fr–Di 10–17, Do 13–20 Uhr, Mi u. letzter Fr im Monat geschl. | 100 Rubel | Lubjanskij Proesd 3/6 | www.mayakovsky.info | Metro 1 Lubjanka*

10 MUSEUM DER MODERNEN KUNST (MUSEJ SOWREMENNOGO ISKUSTVA) (129 F4) (*m* G8)

Das 1999 eröffnete Museum zeigt 15 000 Gemälde, Installationen und Kunstobjekte – vor allem aus der Privatsammlung des Bildhauers und Malers Surab Zereteli. Außer vielen russischen Künstlern sind auch INSIDER TIPP Pablo Picasso, Salvador Dalí, Kasimir Malewitsch, Marc Chagall und Wassily Kandinsky vertreten. Eine eigene Abteilung gehört den sowjetischen Nonkonformisten der 1960er- und 1970er-Jahre. *Mi–Fr 12–20, Do 13–21 Uhr, jeden 3. Do im Monat geschl. | 250 Rubel, jeden 3. So im Monat Eintritt frei | Uliza Petrowka 25 | www.mmoma.ru | Metro 7, 9 Puschkinskaja, Tschechowskaja*

11 NIKOLSKAJASTRASSE (NIKOLSKAJA ULIZA) (127 D–E 2–3) (*m* H9–10)

Nach dem Kremlturm *Nikolskaja Baschnja* benannt, verläuft die Straße vom Roten Platz aus an der Stadtmauer entlang. Die Mauer ist teilweise noch erhalten, aber rundherum umbaut und nur stellenweise zu sehen. An zwei Punkten gibt es schmale Durchgänge von der Nikolskaja in Richtung Theaterplatz.
An der Nikolskajastraße 7 ist im Innenhof das INSIDER TIPP *Saikonnospasski-Kloster* wieder zugänglich, in dem 1687 die *slawisch-griechisch-lateinische Akademie* gegründet wurde, wo der Universalgelehrte Michail Lomonossow, Gründer der Moskauer Universität, studierte. Im Haus Nr. 15 lag der Druckhof der Synode, in der 1564 Russlands erstes Buch gedruckt worden ist. Vor der Revolution befanden sich in der Nikolskaja die meisten Buchhandlungen. Die Straße endet am Lubjanka-Platz. *Metro 1, 2 Lubjanka, Teatralnaja*

12 WARWARKASTRASSE (WARWARKA ULIZA) (127 E–F4) (*m* H–J10)

Die Warwarka begrenzt Kitaigorod in Richtung Moskwa mit einem romantischen Ensemble kleinerer Kirchen und Klöster, die einst von reichen Kaufleuten gestiftet wurden: die *Barbara-Kirche,* die *Kirche des Heiligen Maxim,* das *Kloster der Muttergotteskrone* und die *Georgs-Kirche.* Seit einem Besuch der Queen 1994 ist die *Alte Englische Residenz (Di/Mi, Fr–So 10–18, Do 13–21 Uhr | mit Führung 250 Rubel | Warwarka Uliza 4a)* wieder zu besichtigen, die Iwan IV. zwecks Kontaktpflege einst englischen Kaufleuten schenkte.
An der Warwarka liegt auch das *Stammhaus der Bojarenfamilie Romanow (Do–Mo 10–18, Mi 11–19, 1. Mo im Monat geschl. | 200 Rubel | Warwarka Uliza 10),* die 1613 den Thron bestieg. Anstelle des monströsen, inzwischen abgerissenen Hotelblocks *Rossia,* der die Straße überragte, soll ein neues Hotelviertel in angepasster Architektur entstehen. *Metro 6, 7 Kitaigorod*

SEHENSWERTES

Romantisches Ensemble in der Warwarkastraße: Kloster der Muttergotteskrone und Georgskirche

SAMOSKWO-RETSCHIJE

Vom Kreml aus blickt man am hohen Ufer der Moskwa herab auf das Kunstmekka Russlands am gegenüberliegenden flachen Ufer – die Tretjakow-Galerie und das Zentrale Haus des Künstlers.
„Hinter dem Moskwa-Fluss" *(Samoskworetschije)* hieß dieses Viertel zur Zarenzeit und es war verpönt, in dieser sumpfigen Gegend zu wohnen, durch die der Weg zur Goldenen Horde der Tataren führte, heute die Bolschaja Ordynka. Iwan der Schreckliche siedelte dort aus Gründen der Sicherheit seine Strelitzengarde an, Peter der Große ließ sie hier köpfen. In Samoskworetschije lebten das tatarische Dienstpersonal und kleine Handwerker, die ihre Zunftkirchen stifteten. Zur Zeit Peters I. kamen aber auch immer mehr reiche Kaufleute in die Gegend südlich des Flusses.

In der zweiten Hälfte des 19. Jhs. wuchsen in Samoskworetschije lauter Fabriken aus dem Morast. Weil Stalins Stadterneuerung jenseits der Moskwa endete, sind hier so viele alte Kirchen erhalten geblieben wie nirgendwo sonst in Moskau. Auch heute werden sie, ebenso wie die denkmalgeschützten Herrschaftshäuser, von der Modernisierung ausgeklammert. Nur in den Innenhöfen entstehen neue Gebäude, doch ohne dass an den altehrwürdigen Straßenfronten etwas verändert wird. Entsprechend leben hier viele Alteingesessene, aber auch zugezogene Neureiche. Die Straßen Bolschaja Ordynka und Poljanka säumen viele Cafés und Restaurants.

1 AUFERSTEHUNGSKIRCHE IN KADASCHI (TSERKOW WOSKRESSENIJA W KADASCHACH)
(134 A3) (*H12*)

Die barocke Pracht der fünf Türme der Auferstehungskirche in Kadaschi

SAMOSKWORETSCHIJE

liegt in einer kleinen Seitengasse des Samoskworetschije-Quartiers versteckt. Sie wurde im Jahr 1687 zur Zeit des Reformpatriarchen Nikon gebaut. Der dazugehörige Glockenturm ist 20 Jahre jünger und wurde von der Zunft der Weber gestiftet, die in diesem Viertel wohnten, einst *Kadaschewoworan* genannt. Die Auferstehungskirche gilt als bemerkenswertestes Beispiel des Moskauer Barock. *2. Kadaschewski Pereulok 7 | Metro 6, 8 Tretjakowskaja*

Ein russischer Zar in spanischen Hosen

2 BACHRUSCHIN-THEATERMUSEUM
(134 B–C5) (*J14*)

Das Museum zeigt vor allem die Sammlung des Kaufmanns Alexej Bachruschin, die dieser bis 1929 zusammentrug; 1,5 Mio. Exponate aus der Geschichte des russischen Theaters und Balletts seit dem 17. Jh. von den Hofnarren des Zaren bis zu Wsewolod Meyerhold und Konstantin Stanislawski, Kulissen, Fotografien und Filme. Zu sehen sind etwa die Kostüme, in denen die Balletttruppe des Bolschoi schon vor 1914 Europa eroberte. Informationen nur in russischer Sprache. *Di/Mi, Fr–So 12–19, Do 12–18.30 Uhr | 200 Rubel | Bachruschina Uliza 31/12 | www.gctm.ru | Metro 2, 5 Pawelezkaja*

3 DENKMAL FÜR ZAR PETER DEN GROSSEN (133 E4) (*F13*)

Der Standort für das mit 94 m höchste Denkmal Moskaus ist eine Notlösung. Eigentlich wollte Bildhauer Surab Zereteli das Monument zum 500. Jahrestag der Entdeckung Amerikas irgendwo auf dem Neuen Kontinent aufstellen, fand aber keinen Platz. Nachdem Kolumbus' Kopf gegen den des Zaren ausgetauscht worden war, konnte das Werk ☼ gegenüber von Kreml und Erlöserkathedrale mit schönem Blick auf beides installiert werden – dank Unterstützung Boris Jelzins zum 300. Jahrestag der Gründung der russischen Flotte. Die Moskauer Kulturszene protestierte vergeblich. Inzwischen fällt kaum noch auf, dass Zar Peter in Conquistadoren-Hosen auf einer spanischen Karavelle steht.

4 INSIDER TIPP GARAGE – ZENTRUM FÜR ZEITGENÖSSISCHE KULTUR
(133 D5) (*F14*)

Das von Roman Abramowitschs Frau, Daria Schukowa, gegründete Zentrum für zeitgenössische Kunst hat sich mittlerweile zu einer der bedeutendsten

SEHENSWERTES

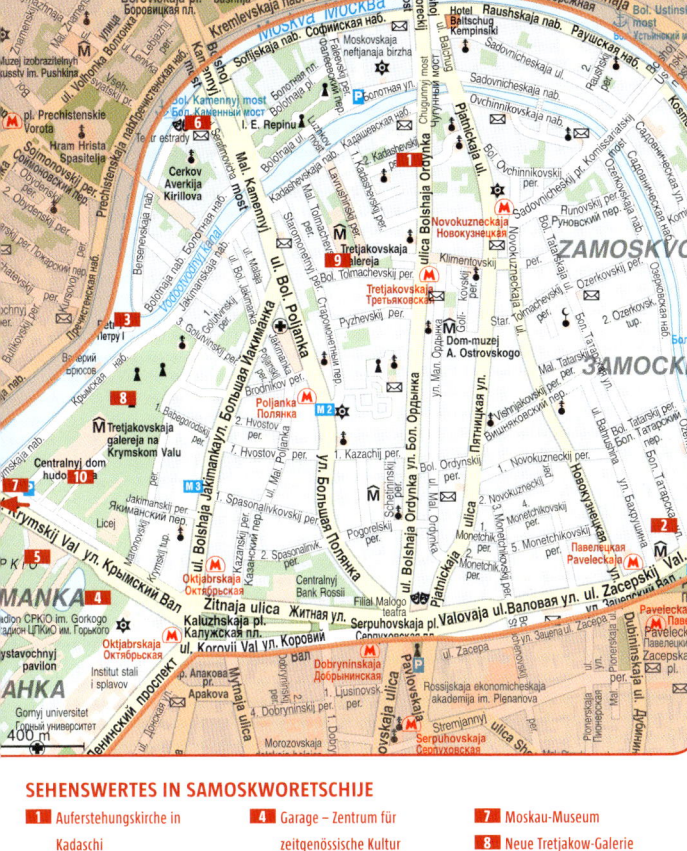

SEHENSWERTES IN SAMOSKWORETSCHIJE

1. Auferstehungskirche in Kadaschi
2. Bachruschin-Theatermuseum
3. Denkmal für Peter den Großen
4. Garage – Zentrum für zeitgenössische Kultur
5. Gorki-Park
6. Haus an der Moskwa
7. Moskau-Museum
8. Neue Tretjakow-Galerie
9. Tretjakow-Galerie
10. Zentrales Haus des Künstlers

Ausstellungen der Stadt entwickelt. Geboten wird ein bunter Mix aus ständig wechselnden Schauen, Vorträgen und Workshops. Ursprünglich war die Garage in einem ehemaligen Busdepot von 1927 untergebracht, das seit 2013 das Jüdische Museum beherbergt. Nach einer Übergangszeit in einem Pavillon im Gorki-Park zieht das Zentrum voraussichtlich Ende 2014 in das neue Gebäude im selben Park. Das ehemalige Restaurant Jahreszeit bietet dann auf zwei Stockwerken Platz für Ausstellungen, ein kreatives Zentrum für Kinder und ein Auditorium. Taschen werden am Eingang kontrolliert. *So–Do 11–21, Fr/Sa 11–22 Uhr | 300 Rubel | Krimski Wal 9 | www.garageccc.com | Metro 1 Park Kultury*

SAMOSKWORETSCHIJE

5 GORKI-PARK (PARK KULTURY) ★
(133 D–E 5–6) (C–F 14–18)

Wer den Gorki-Park in den 1990er-Jahren kannte, wird ihn heute kaum mehr wiedererkennen. Nach der Umgestaltung des größten und vielfältigsten Parks im Zentrum sind von damals nur noch ein paar Karussells im Retrostil übrig geblieben. Ansonsten ist alles anders. Statt Riesenrad, Achterbahn und alles überschallender Musik finden die Moskowiter seit 2011 auf 100 ha Fläche viele Möglichkeiten zum Ausruhen, zum Sporttreiben oder um in unterschiedlichsten Restaurants ausgezeichnet zu essen. Zwischen den Säulen des Triumphators im Stalinschen Barock hindurch gelangen Sie vom Krimski Wal aus direkt in den belebtesten Teil des Parks. Dort finden Sportbegeisterte Tischtennisplatten, ein Beachvolleyball- und ein Fußballfeld sowie eine Laufstrecke. Zahlreiche, große Liegekissen zum Entspannen säumen die Wiese. Im Sommer werden täglich am frühen Abend kostenlos ● Tanzkurse unterschiedlicher Stilrichtungen angeboten. Die Teiche, auf denen Sie im Sommer Boot fahren können, werden im Winter zur ● Eisbahn – ebenso wie viele Wege, die eigens dafür überflutet werden. *Tgl. 24 Std. | Eintritt frei | Krimski Wal 9 | www.park-gorkogo.com | Metro 1, 5 Park Kultury*

6 HAUS AN DER MOSKWA (DOM NA NABERESCHNOI) (133 E3) (G12)

Zu Stalins Zeiten konnte die Politelite zu Fuß über die Brücke südwestlich des Kreml nach Hause gehen. Am anderen Ufer der Moskwa liegt noch heute der graue Wohnblock, der schlicht „das Haus an der Uferstraße" genannt wird, aber eine selten dramatische Geschichte hat. 1931 wurden die 505 Luxuswohnungen von hochrangigen Sowjetfunktionären und ihren Familien bezogen.

Moskaus reichste Gemäldesammlung: die Tretjakow-Galerie, kurz „Tretjakowka" genannt

SEHENSWERTES

In dem Gebäude waren Kindergarten, Poliklinik, Geschäfte, Friseur und Sporthalle untergebracht. Auch Stalins Kinder Wassili und Swetlana lebten dort. Nur sechs Jahre später wurde das Wohnparadies zur Hölle. 700 der Bewohner kamen ins Straflager, 300 wurden erschossen, darunter Marschall Tuchatschewski und Stalins einstiger Chef-Ökonom, Nikolai Bucharin. Etliche Gedenktafeln an der Hauswand erinnern daran.

Das Haus war schon auf belastetem Grund gebaut worden. Seit dem 15. Jh. hatte sich hier Moskaus Hinrichtungsstätte befunden. Beim Bau des Wohnblocks wurden Lastwagen voller Knochen abgefahren. Heute ist der Komplex wieder einer der teuersten Moskaus und über eine neue Fußgängerbrücke mit der wiederaufgebauten Christi-Erlöser-Kathedrale verbunden, die Stalin bei Fertigstellung des Hauses hatte sprengen lassen. *Uliza Serafimowitscha 2 | Metro 1, 9 Biblioteka Imeni Lenina, Borowitskaja*

7 MOSKAU-MUSEUM (MUSEJ MOSKWY) (132 C4) (*E13*)

Eines der ältesten Museen Moskaus zeigt Ausgrabungsstücke aus dem Kreml, Karten und Gemälde, welche die Geschichte Moskaus illustrieren, sowie diverse Kremlmodelle. In einer Nebenstelle direkt unter dem Manegenplatz werden Ausgrabungen im Kremlumfeld präsentiert. *Di, Mi, Fr–So 10–20, Do 11–21 Uhr, letzter Fr im Monat geschl. | 100 Rubel | Subowskij Bulwar 2 | www.mosmuseum.ru | Metro 1, 5 Park Kultury*

8 NEUE TRETJAKOW-GALERIE (133 E5) (*F13–14*)

Der jüngere Ableger der Tretjakow-Galerie zeigt Gemälde von 1917 bis zur Gegenwart, teilt sich aber ein Gebäude mit dem Zentralen Haus des Künstlers. In einer großen Abteilung für Sozialistischen Realismus werden die Siege des Sozialismus dargestellt. In der Galerie sind aber auch das Schwarze Quadrat von Kasimir Malewitsch, Werke Wassily Kandinskys und sowjetischer Konstruktivisten zu finden. *Di–So 10–19.30 Uhr | 400 Rubel | Krimski Wal 10 | www.tretyakovgallery.ru | Metro 5, 6 Oktjabrskaja*

9 TRETJAKOW-GALERIE ★ ● (134 A3–4) (*G12*)

Wie der Prado in Madrid oder der Louvre in Paris ist die Tretjakow-Galerie allein schon Grund genug, Moskau zu besuchen. Die Sammlung reicht von mittelalterlichen Ikonen bis zu Marc Chagall. 1892 schenkte der Kaufmann und Kunstmäzen Pawel Tretjakow der Stadt seine 2000 Gemälde, die Sammlung seines Bruders sowie das Haus, wo die Werke bereits seit 1881 eintrittsfrei zu sehen waren. Tretjakow blieb bis zu seinem Tod Direktor der „Tretjakowka". Doch erst Revolutionswirren und Bürgerkrieg machten das 1917 verstaatlichte Museum zu dem, was es heute ist. Viele Kunstliebhaber gaben ihre Stücke freiwillig ab. Andere private Sammlungen beschlagnahmte man. Derzeit werden 100 000 Exponate gezeigt: alte russische Kunst, Werke vom Anfang des 20. Jhs., Grafiken (18.–20. Jh.), Skulpturen, Sowjetkunst. *Di/Mi, Sa/So 10–18, Do/Fr 10–21 Uhr | 450 Rubel | Lawruschinski Pereulok 10 | www.tretyakovgallery.ru | Metro 6, 8 Tretjakowskaja*

10 ZENTRALES HAUS DES KÜNSTLERS (TSENTRALNY DOM CHUDOSCHNIKA) (133 E5) (*F13–14*)

Den Eingangsbereich im Zentralen Haus des Künstlers dominieren Kunsthandwerker, Boutiquen und Musikevents. Der große weiße Betonkasten gegenüber dem Gorki-Park bietet russischen Gegenwartskünstlern aber auch Ausstellungs-

ARBAT & TWERSKAJA

Ein häufiges Sujet in der russischen Literatur: das belebte Arbatviertel

möglichkeiten. Hinter dem Haus liegt der Skulpturenfriedhof Moskaus, der *Museumspark Museon*. Dort lagern seit 1991 die Denkmäler der Sowjetzeit. Die größte Skulptur ist die des KGB-Gründers Felix Dserschinski. *Di–So 11–20 Uhr | 200 Rubel | Krimski Wal 10 | www.cha.ru | Metro 5, 6 Oktjabrskaja*

ARBAT & TWERSKAJA

Vom Kreml aus Richtung Westen führt eine Schneise durch die Altstadt. An den Hochhäusern des „Neuen Arbat" glitzert die Kasino- und Diskowerbung.

Nikita Chruschtschow wollte eine moderne Hochhausallee wie in New York – und freie Fahrt vom Kreml zu den ZK-Datschen vor der Stadt. Trotz Widerstands der Bewohner wurde das alte Adels- und Kaufmannsviertel Arbat, eine Mischung aus Palästen und Mietshäusern, einfach zerschnitten. Seine Atmosphäre blieb dennoch erhalten, im *Alten Arbat,* der ersten Fußgängerzone der UdSSR, überragt vom Zuckerbäckerbau des Außenministeriums. In dem alten Künstlerviertel wohnten einst Dichter, Denker und Sänger: Puschkin, Tschechow, Zwetajewa und Okudschawa. Heute warten hier Künstler, Porträtmaler und Matroschka-Händler auf Touristen.

Vom Kreml nach Nordwesten führt die Twerskaja-Straße, über welche die Zaren einst aus St. Petersburg kamen. Sie war und ist eine der prominentesten Geschäftsstraßen Moskaus, hieß zu Sowjetzeiten Gorki-Straße und wurde danach zur Schlagader des Nachtlebens. Zwischen Twerskaja und Arbat sind die Domizile der berühmten Schriftsteller Maxim Gorki, Anton Tschechow, Nikolai Gogol und Michail Bulgakow zu besichtigen. Südwestlich des Kreml erheben sich die gewaltigen Kuppeln der wiederaufgebauten imposanten Christi-Erlöser-Kirche. Das Puschkin-Museum zeigt Troja-Gold, ägyptische Grabbeilagen und französische Impressionisten.

SEHENSWERTES

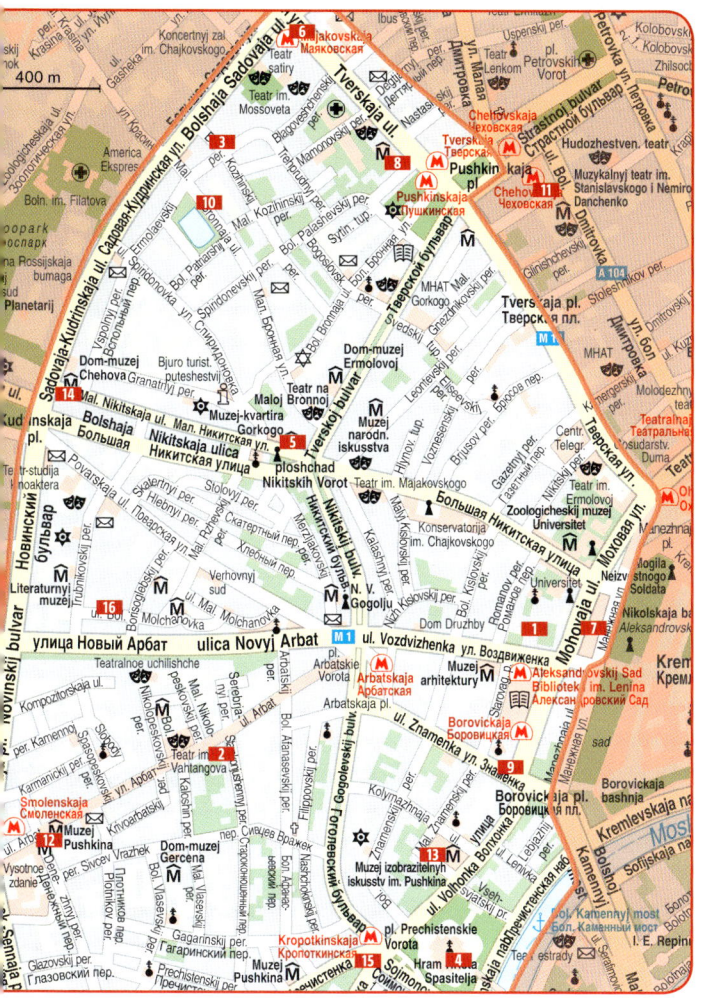

SEHENSWERTES UM ARBAT & TWERSKAJA

1. Alte Universität
2. Alter Arbat
3. Bulgakow-Museum
4. Christi-Erlöser-Kathedrale
5. Gorki-Museum
6. Harmonika-Museum
7. Manege
8. Museum für Neuere Geschichte Russlands
9. Paschkow-Haus
10. Patriarchenteiche
11. Puschkin-Denkmal
12. Puschkin-Haus
13. Puschkin-Museum
14. Tschechow-Museum
15. Zereteli-Galerie
16. Zwetajewa-Museum

ARBAT & TWERSKAJA

🔴1 ALTE UNIVERSITÄT
(126 B3–4) (*m* F10)
Direkt gegenüber dem Kreml wird Journalistik studiert – in einem der schönsten Gebäude Moskaus aus dem Jahr 1793. Ursprünglich befand sich hier die von Lomonossow gegründete älteste Universität Russlands. Nur wenige Schritte weiter liegt ein Teil der Medizinischen Fakultät, im Hinterhof ist das Paläontologische Museum. *Uliza Mochowaja 9–11 | Metro 1 Biblioteka Imeni Lenina*

🔴2 ALTER ARBAT ★
(132–133 B–D 1–2) (*m* D–E 10–11)
So viele Cafés, Souvenirläden, Straßenmusikanten und fliegende Händler wie hier gibt es in der ganzen Stadt nicht. Nehmen Sie sich Zeit, um ganz in den Trubel einzutauchen. Links und rechts der Fußgängerzone wird ständig gebaut, geplant ist sogar eine Bürgersteigheizung. Und doch hält sich in den Straßen und engen Seitengassen noch immer die Atmosphäre des einstigen Künstlerviertels. Anlaufpunkte am Arbat sind das Restaurant Praga, die Bierkneipe Schiguli, die Puschkin-Museumswohnung und das Wachtangow-Schauspielhaus. *Metro 3, 4 Arbatskaja, Smolenskaja*

🔴3 INSIDER TIPP BULGAKOW-MUSEUM
● (129 D4) (*m* E8)
Die dunkle Wohnung im Dachgeschoss eines Hinterhof-Mietshauses ist zum Kulttreff der Bulgakow-Fans geworden. An den Wänden des Treppenhauses findet man keinen freien Platz mehr, alles ist über und über besprüht und beschrieben. In der Wohnung schrieb Bulgakow seinen Roman „Meister und Margarita" über eine Inspektionsreise des Satans ins Moskau der 1930er-Jahre, die an den Patriarchenteichen beginnt und am Paschkow-Haus endet. Das Museum bietet auch Exkursionen auf den Spuren des Schriftstellers und regelmäßig Theaterabende an. Nur in russischer Sprache. *So–Do 13–23, Fr–Sa 13–1 Uhr | Eintritt teilweise frei | Bolschaja Sadowaja Uliza 10 | www.dombulgakova.ru | Metro 2 Majakowskaja*

🔴4 CHRISTI-ERLÖSER-KATHEDRALE (CHRAM CHRISTA SPASITELJA) ★
● (133 E3) (*m* F12)
Die wiederaufgebaute, leuchtend weiße Kathedrale, deren goldene Kuppeln weithin das Stadtbild prägen, ist inzwischen zur wichtigsten Kirche Russlands geworden. Weihnachts- und Ostermessen werden hier vom Patriarchen persönlich gehalten. Ursprünglich sollte die Kathedrale 1812 nach dem Sieg über Napoleon gebaut werden, wurde aber erst 1883 vollendet. 1931 ließ Stalin sie sprengen, da an ihrer Stelle das achte Zuckerbäckerhochhaus entstehen sollte, ein gigantischer, 315 m hoher Palast der Sowjets, gekrönt von einer großen Lenin-Statue. Doch Probleme mit dem Baugrund und bei der Finanzierung sorgten für einen Baustopp. Die schon ausgehobene Grube wurde später unter Chruschtschow ganz pragmatisch zum Schwimmbecken umfunktioniert.

Ab 1994 begann schließlich der Wiederaufbau der Kathedrale, der größtenteils durch Spenden finanziert wurde. Die dramatische Geschichte dieses Gotteshauses können Sie in einem Museum im Keller der Kirche nachvollziehen. Beim Wiederaufbau blieben die Architekten dicht am historischen Vorbild. Mehr als 10 000 Gläubige finden in der Christi-Erlöser-Kathedrale Platz. Vor der Kirche steht seit 2007 ein 5 m hohes Denkmal für den Reformzaren Alexander II. Eine neue Fußgängerbrücke verbindet das Gotteshaus mit dem gegenüberliegenden Ufer der Moskwa. *Di–So 10–17, Mo 13–17 Uhr, Abweichungen sind an Feiertagen*

SEHENSWERTES

möglich | Uliza Wolchonka 15 | www.xxc.ru | Metro 1 Kropotkinskaja

5 GORKI-MUSEUM (MUSEJ-KWARTIRA IMENI GORKOGO)
(129 D6) (*E9*)

Die Villa Rjabuschinski ist eines der herausragenden Beispiele für den Moskauer Jugendstil. Der russische Architekt

6 HARMONIKA-MUSEUM (MUSEJ RUSSKOJ GARMONIKI)
(128 C3) (*D6*)

Eines von weltweit vier Quetschkommoden-Museen. Die Harmonika ist russisches Nationalinstrument. Zu erleben gibt es echte Harmonikas ab dem Jahr 1780 und Akkordeonkonzerte von der CD. *Fr–So 10–17, Di/Mi 10–18, Do 10–21 Uhr,*

Unter den Kuppeln der Christi-Erlöser-Kathedrale finden über 10 000 Gläubige Platz

Fjodor Schechtel baute sie 1906 für den Kaufmann Rjabuschinski. Der Schriftsteller Maxim Gorki verbrachte in diesem Haus seine letzten Lebensjahre von 1931 bis 1935. Seine umfangreiche Bibliothek kann noch immer besichtigt werden, da bereits 1965 ein Museum im Gebäude eröffnet wurde. Ganz besonders sehenswert ist die Innenausstattung des Hauses, die ganz im Zeichen des Jugendstils stand, vor allem das außergewöhnliche Treppenhaus sticht hervor. *Mi–So 11–17.30 Uhr, letzter Do im Monat geschl. | Eintritt frei | Malaja Nikitskaja Uliza 6/2 | Metro 3, 4 Arbatskaja, Puschkinskaja*

letzter Fr im Monat geschl. | 100 Rubel zzgl. 50 Rubel für Fotos | Uliza 2. Twerskaja-Jamskaja 18 | Metro 2 Majakowskaja

7 MANEGE ★ (126 B4) (*G10*)

Die Manege, die sich direkt an den Alexandergarten anschließt, diente 1817 vorerst als Reitstall des Kreml, wurde aber bereits seit 1831 als Ausstellungs- und Konzertsaal genutzt. Nach 1917 beherbergte sie den Kremlfuhrpark. Ein technisches und ästhetisches Wunder ist die freitragende Holzbalkenkonstruktion der Decke mit knapp 45 m Breite, die nach einem verheerenden Brand 2004 wieder-

ARBAT & TWERSKAJA

hergestellt wurde. Heute gibt es hier fortlaufend Mode- und Kunstausstellungen. Vor der Manege steht ein Pferdebrunnen von Bildhauer Surab Zereteli, dessen vier Rösser in Richtung Kreml zu galoppieren scheinen. *Di–So 10–17 Uhr | Maneschnaja Ploschad 1 | www.moscowmanege.ru | Metro 4 Aleksandrowski Sad*

8 MUSEUM FÜR NEUERE GESCHICHTE RUSSLANDS (MUSEJ SOWREMENNOI ISTORII ROSSII)
(129 D4) (*F8*)

Bis zur Oktoberrevolution trafen sich in diesem klassizistischen Gebäude die 500 Mitglieder des Englischen Clubs – vor allem Ausländer und russische Aristokraten – zu ausgiebigen Gelagen und Diskussionen. Frauen waren nicht zugelassen. Das zu Beginn der 1920er-Jahre eingerichtete Revolutionsmuseum wurde 1998 in das Museum für Neuere Geschichte umgewandelt. Der von russischen Oligarchen neu gegründete elitäre *Englische Club* trifft sich indes woanders. Erläuterungen an den Exponaten teilweise nur in russischer Sprache. *Di/Mi/Fr 10–18, Do 12–21, Sa/So 11–19 Uhr | 250 Rubel | Twerskaja Uliza 21 | www.sovr.ru | Metro 2, 7 Twerskaja, Puschkinskaja*

9 PASCHKOW-HAUS
(126 A5) (*F11*)

Der Bauherr und Kaufmann Pjotr Paschkow konnte von seiner klassizistischen Villa aus auf den Kreml herabblicken. Das Haus wurde 1788 mit einer mächtigen Säulenfassade auf einem künstlich angelegten Hügel gebaut. Seit 1839 diente es als Kunstmuseum und Bücherei, die schließlich 1925 zur staatlichen Lenin-Bibliothek wurde. Deren grauer Neubau überragt das Paschkow-Haus heute bei Weitem. *Uliza Mochowaja, Ecke Uliza Snamenka | Metro 9 Borowitskaja*

10 PATRIARCHENTEICHE (PATRIARSCHIJE PRUDY)
(128–129 C–D 4–5) (*D–E 8–9*)

Im historischen Stadtzentrum erstreckt sich zwischen den Metrostationen Majakowskaja und Twerskaja/Puschkinskaja ein äußerst beliebtes und sehr ruhiges Wohnviertel, dessen Name von einem knapp 10 000 m² großen und 2 m tiefen Teich stammt. Da sich nahe dem Teich ur-

RICHTIG FIT!

Jogger müssen in Moskau keine Entzugserscheinungen bekommen. Die Alternative zum Benzindunst im Zentrum heißt Sperlingsberge. Der Startpunkt ☼ **Worobjowy Gory** (U B4) (*A18*) (*Metro 1 Worobjowy Gory*) ist die höchste Metrostation der Welt am hohen Ufer der Moskwa mit herrlichem Panoramablick. Von hier aus können Sie in beide Richtungen durch den Uferwald joggen, am besten laufen Sie aber flussabwärts Richtung Gorki-Park, am Andrejewski-Kloster vorbei. Nach ca. 3 km erreichen Sie den Haupteingang des Gorki-Parks, nicht weit von den Metrostationen *Park Kultury* und *Oktjabrskaja*. Sie können dank einiger Unterführungen aber auch am Ufer entlang bis zum Kreml weiterlaufen. Umgekehrt funktioniert die Route ebenso. Im Winter kann man an den Sperlingsbergen gut Ski fahren und rodeln. Im Gorki-Park gibt es auch einen *Schlittschuhverleih (120 Rubel plus Pfand)*.

SEHENSWERTES

Vom Haus des Kaufmanns Pjotr Paschkow aus ist die Macht überschaubar

sprünglich zwei weitere befanden, wird für die Bezeichnung des Viertels bis heute die Mehrzahl verwendet. Mittlerweile haben sich um den verbliebenen *Patriarchenteich* (128 C5) (*E8*) und in den angrenzenden Straßen viele INSIDER TIPP gemütliche Cafés und individuelle Boutiquen angesiedelt. Lassen Sie sich einfach treiben und genießen Sie den Augenblick in einem der europäischsten und ruhigsten, aber auch teuersten Viertel Moskaus.

11 PUSCHKIN-DENKMAL
(129 E4) (*F8*)

Puschkin ist der populärste Treffpunkt für Verliebte in Moskau. Von hier aus können Sie in alle Richtungen weiterspazieren – oder einfach hinter der Bronze-Statue am Springbrunnen sitzen. *Puschkinskaja Ploschad | Metro 2, 7, 9 Twerskaja, Puschkinskaja, Tschechowskaja*

12 PUSCHKIN-HAUS (132 C2) (*D11*)

In dem Haus am Alten Arbat mietete sich Puschkin 1830/31 für ein halbes Jahr mit seiner Frau Natalia ein. 1986 wurde hier eine Puschkin-Gedenkausstellung eröffnet. Auch der Wohnbereich der Puschkins ist inzwischen wiederhergestellt worden. *Fr–Mi 10–18, Do 12–21 Uhr | 60 Rubel | Pretschistenka 12/2 | www.pushkinmuseum.ru | Metro 3 Smolenskaja*

13 PUSCHKIN-MUSEUM
(133 E2) (*F11*)

Ein ganzer Tag reicht kaum für einen Rundgang durch das Puschkin-Museum. Die Sammlung ist mit über 500 000 Exponaten die zweitgrößte des Landes nach der Petersburger Ermitage. Ihr zugrunde liegt die Kunstsammlung der Moskauer Universität aus dem 19. Jh. 1912 wurde das Museum eröffnet, wobei Direktor Iwan Zwetajew (Vater der Dichterin Marina Zwetajewa) damals Gipskopien aller berühmten Statuen der Antike ausstellen wollte – die übrigens noch bis heute dort zu sehen sind. Darüber hinaus gehören ägyptische Mumien und sumerische Reliefs zum alten Bestand.

ARBAT & TWERSKAJA

Nach 1917 wurde das Museum verstaatlicht und die Kollektion durch Privatsammlungen aufgestockt. Seit 1937 heißt das Haus Puschkin-Museum. Es beherbergt eine der größten Impressionistensammlungen der Welt: Unter anderem sind hier Werke von Auguste Re-

14 TSCHECHOW-MUSEUM
(128 C5) (*D9*)

Das unscheinbare rote Häuschen scheint von den Nachbargebäuden fast erdrückt zu werden. Anton Tschechow arbeitete hier von 1886 bis 1890 als Arzt und Dichter, bevor er nach Sachalin ging und dort

Schätze im Puschkin-Museum: Kunst von Byzanz bis van Gogh

noir, Claude Monet und Paul Cézanne vertreten. Auch Bilder von Wassily Kandinsky, Marc Chagall und Pablo Picasso oder Rembrandt van Rijn und Vincent van Gogh können bewundert werden, seit 2006 sogar in einem neuen Ausstellungssaal.

Zu den Museumsbeständen gehören weiterhin das Troja-Gold Heinrich Schliemanns sowie eine Kollektion der Bremer Kunsthalle, die beide 1945 als Beutekunst nach Moskau kamen. *Di/Mi, Fr–So 10–19, Do 10–21 Uhr | 400 Rubel | Uliza Wolchonka 12 | www.artsmuseum.ru | Metro 1 Kropotkinskaja*

schwer an Tuberkulose erkrankte. Das 1954 eröffnete Museum vermittelt einen Eindruck von der Atmosphäre, die zu seinen Lebzeiten geherrscht haben muss. *Di/Mi, Fr–So 11–17, Do 14–19 Uhr, letzter Tag des Monats geschl. | 100 Rubel | Sadowaja-Kudrinskaja Uliza 6 | Metro 7 Barrikadnaja*

15 INSIDER TIPP ZERETELI-GALERIE
(132 C3) (*E12*)

Manche nennen es die größte Kitschsammlung Moskaus. Der ehemalige Palast der Adelsfamilie Dolgoruki wurde bis 1998 von Militärs genutzt, dann aber mit

SEHENSWERTES

allen Innenhöfen und Sälen komplett renoviert. Das Gebäude selbst ist ebenso sehenswert wie die vielen Skulpturen, Gemälde und Emaillearbeiten des unglaublich produktiven georgisch-russischen Bildhauers Surab Zereteli. Das georgische Restaurant *Künstlergalerie (Galereja Chudoschnika | tgl. 12–24 Uhr | €€ | Businesslunch 290 Rubel)* im Nachbarhaus gilt als eines der besseren Lokale Moskaus. *Di–Sa 12–20, So 12–19 Uhr | 300 Rubel | Uliza Pretschistenka 21 | Metro 1 Kropotkinskaja*

16 ZWETAJEWA-MUSEUM
(132 C1) (*D10*)
Eine kleine Villa im Stil des Moskauer Klassizismus. Die Dichterin Marina Zwetajewa lebte hier bis zu ihrer Emigration im Jahr 1922. Das baufällige Gebäude sollte schon mehrfach abgerissen werden, wurde dann jedoch von einer Bürgerinitiative renoviert. Zu besichtigen sind die Wohnung Zwetajewas und das große Archiv russischer Emigrationsliteratur. Regelmäßig werden Dichterlesungen, Konzerte und Ausstellungen veranstaltet. *So–Fr 12–18 Uhr, letzter Fr im Monat geschl. | 100 Rubel | Borissoglebski Pereulok 6 | www.dommuseum.ru | Metro 3, 7 Smolenskaja, Barrikadnaja*

AUSSERHALB DER CITY

ALLRUSSISCHES AUSSTELLUNGS-GELÄNDE (WWZ) (136 C3) (*0*)
Schon der Eingang zum WWZ symbolisiert sowjetische Schaffenskraft. Dort steht das *Denkmal der Raumfahrt,* eine Hommage an den russischen Sputnik: Die Rakete saust auf einem Feuerschweif aus poliertem Titanblech bis in 99 m Höhe. Das 200-ha-Gelände der einstigen Volkswirtschaftsausstellung der Sowjetunion selbst ist auch einen Spaziergang wert. 1939 ließ Stalin hier die Errungenschaften der Kollektivierung vorführen. Die Gäste wurden von der Statue *Arbeiter und Kolchosbäuerin* von Vera Muchina begrüßt, welche diese für die Pariser Weltausstellung 1937 entworfen hatte. Jede Sowjetrepublik bekam ihren Pavillon mit typischen Architekturelementen. Seit 1990 wurde alles privatisiert und das Areal verwandelte sich in einen riesigen Basar. Ponyreiten, Bungeejumping und Autoskooter muntern vom Museum genervte Sprösslinge wieder auf. Im Sockel des Raumfahrt-Denkmals eröffnete passend zum Thema eine überraschend große *Ausstellung über die Entwicklung der russischen Raumfahrt (nur in russischer Sprache | Mi–So 11–19 Uhr | 200 Rubel | Prospekt Mira 111 | Metro 6 WDNCh). Winter Mo–Fr 9–21, Sa/So 9–22, Sommer Mo–So 9–23 (Pavillons schließen früher) | Eintritt frei | Prospekt Mira 119 | www.vvcentre.ru | Metro 6 WDNCh*
Seit Ende 2012 widmet sich das INSIDER TIPP *UdSSR-Museum (Mo–Fr 10–19, Sa/So 10–20 Uhr | 250 Rubel | www.museumussr.ru)* auf dem Gelände des WWZ ausschließlich dem Alltagsleben in der Sowjetunion. Zu den museumseigenen Ausstellungsstücken und Exponaten aus Privatbesitz gehören alte Trinkwasserautomaten, Ladas, Fahrräder, Fotoapparate und eine Nachbildung des aufgebahrten Lenins. Im UdSSR-Museum atmet es wieder, und die Besucher können den Kommunismus riechen.

ANDRONIKOW-KLOSTER (ANDRONIKOW MONASTYR) (135 F2) (*M11*)
Das Kloster beherbergt das *Museum für Altrussische Kunst und Ikonen.* 1360 gegründet und dann zerstört, wurde es 1427 aus weißem Kalkstein neu aufgebaut. Der berühmte russische Ikonen-

AUSSERHALB DER CITY

maler Andrej Rubljow wirkte hier bis zu seinem Tod 1430. Erhalten sind Fresken an den Altarraumfenstern der Erlöserkirche, die ein Musterbeispiel früher russischer Kirchenarchitektur ist. Rubljow-Ikonen, deren Originale im Kreml und in der Tretjakow-Galerie zu sehen sind, werden hier nur in Kopien gezeigt. Insgesamt besitzt das Museum 5000 Ikonen aus der russischen Provinz, darunter auch Werke des Dionissij, aber auch wertvolle Gesangsbücher und Kirchenrequisiten. Bis 1950 war im Kloster das Archiv des KGB untergebracht. *Mo, Di, Fr–So 11–18, Do 14–20 Uhr, letzter Fr im Monat geschl. | 150 Rubel | Andronewskaja Ploschad 10 | www.rublev-museum.ru | Metro 8, 10 Ploschad Ilitscha, Rimskaja*

AUSSICHTSPLATTFORM SPERLINGSBERGE (SMOTROWAJA PLOSCHADKA) (U B4) (*A18*)

Der Platz auf dem 80 m hohen Ufer des Moskwa-Flusses mit Blick auf das Stadtpanorama der Hauptstadt und sieben Zuckerbäckerbauten ist Moskaus INSIDER TIPP populärster Ort für Hochzeitsfotos und Motorradtreffen. Im Winter sind zudem die Skisprungschanzen und -abfahrten äußerst beliebt. Früher ritten die Zaren im Wald der *Sperlingsberge (Worobjowy Gory)* zur Jagd, heute bevölkern Jogger die zahlreichen Uferwege. Die Metrohaltestelle Worobjowy Gory auf der Metrobrücke ist übrigens die höchste U-Bahnstation der Welt. *Uliza Kossygina | Metro 1 Worobjowy Gory*

DANILOW-KLOSTER (DANILOWSKI MONASTYR) (U D4) (*H18*)

Das älteste Kloster der Stadt ist heute der Sitz des Oberhauptes der russisch-orthodoxen Kirche, des Patriarchen von Moskau. Es wurde 1282 vor der Stadt von Fürst Alexander Newskis Sohn Daniil gegründet. Neben ihm sind auf dem Gelände auch viele Prominente der Zarenzeit begraben. Nach 1917 bot das Gotteshaus zunächst vielen Geistlichen Schutz vor Verfolgung. 1930 richtete dann der KGB dort ein Waisenheim ein. Leonid Breschnew gab das Kloster kurz vor seinem Tod schließlich an die Kirche zurück. Die Kirchengebäude und die Gesamtanlage sind gleichermaßen sehenswert. Das Kloster befindet sich in einem unansehnlichen Viertel mit alten Fabrikanlagen. *Tgl. 6–21 Uhr | Danilowski Wal 22 | www.msdm.ru | Metro 9 Tulskaja*

FERNSEHTURM OSTANKINO (136 C3) (*0*)

Einmal im Jahr wird im Fernsehturm Ostankino ein Wettlauf zur Aussichtsplattform in 340 m Höhe veranstaltet. Der Fahrstuhl braucht nur 42 Sekunden. Von der Plattform mit Glasboden aus können Besucher bis zu 60 km ins Umland schauen. Das Restaurant *Im 7. Himmel* dreht sich; derzeit ist es jedoch wegen Renovierung geschlossen. Eine Turm-Besichtigung ist nur mit Anmeldung, Pass und Führung tgl. ab 10 Uhr möglich, die letzte wird um 21 Uhr angeboten. Kindern unter sieben Jahren ist der Zutritt verboten. *Eintritt für den geschlossenen Bereich in 337 m Höhe 850, für 340 m Höhe (nur von Mai–Oktober) 1200 Rubel | Tel. 749 59 26 61 11 | Uliza Akademika Korolyowa 15 | www.tvtower.ru | Metro 6 WDNCh, dann weiter mit der Einschienenbahn*

INSIDER TIPP FILZSTIEFELMUSEUM (MUSEJ WALENOK) (U D4) (*K15*)

Dieses Museum widmet sich ganz dem wichtigsten russischen Kleidungsstück, mit welchem der harten Winter getrotzt wird. Gezeigt werden Anlagen aus Filzstiefel-Manufakturen, Alltagsstiefel und bestickte Meisterwerke aus dem 19. und weiteren Jahrhunderten. Es gibt sogar ein Schnellkursus zur heimischen Produk-

SEHENSWERTES

Von Archangelsk ins Freilichtmuseum Kolomenskoje: das Holzhaus Peters des Großen

tion. *Besichtigung nur nach Anmeldung Di, Fr, Sa 11–17.30 Uhr | Eintritt 100, Führungen 250 Rubel | Tel. 910 4 02 59 13 | 2. Koschewnitscheski Pereulok 12 | Metro 2, 5 Pawelezkaja*

FREILICHTMUSEUM KOLOMENSKOJE ★ ● ☀ (U D6) (*ɷ 0*)

Das heutige Freilichtmuseum, ehemals Zarenresidenz, mit lauter alten Holzgebäuden ist in einer Parkanlage gelegen. Sehenswert sind vor allem die uralten Kirchen von Kolomenskoje. Die *Johannes-der-Täufer-Kirche* gilt als Vorbild der Basilius-Kathedrale auf dem Roten Platz. Die unglaubliche, 62 m hohe Turmkirche der *Himmelfahrtskathedrale*, gebaut 1532 anlässlich der Geburt Iwans des Schrecklichen, gehört zum Unesco-Weltkulturerbe. Vom sagenhaften Holzpalast der Zaren mit 270 Zimmern ist nur noch das Vordertor erhalten – welches jedoch groß genug ist, um dort das *Museum für alte russische Kunst* unterzubringen. In den meisten Gebäuden finden Sie thematische Ausstellungen. Der schöne Park am Ufer der Moskwa ist ein beliebtes Naherholungsgebiet. Zweimal im Jahr (meistens im März und Mitte Aug.–Anf. Okt.) findet im Park ein sehenswerter INSIDER TIPP *Honigmarkt* mit zahlreichen Ständen statt. An diesen darf man probieren und kann sich literweise oder mit kleineren Portionen eindecken. *April–Okt. tgl. 8–22, sonst 8–21 Uhr | Eintritt Museen 50–300 Rubel | Prospekt Andropowa 39 | www.kolomenskoe-park.ru | Metro 2 Kolomenskaja*

JÜDISCHES MUSEUM & ZENTRUM FÜR TOLERANZ ★ (U C2) (*ɷ F4*)

Das 2013 eröffnete Haus überwältigt den Besucher schon von außen. In einem riesigen Busdepot von 1927 verfolgen Jüdisches Museum und das Zentrum für Toleranz einen erlebnispädagogischen Ansatz. Erzählt wird die Geschichte der russischen Juden ab dem 18. Jh. mit multimedialen Hilfsmitteln und einem Kinosaal, in dem 3-D-Filme laufen. Exponate fehlen fast komplett, dafür dominieren Kulissen und viele interaktive Stationen.

AUSSERHALB DER CITY

Im Zentrum der Ausstellungen stehen der Holocaust und der Zweite Weltkrieg. Das angeschlossene Zentrum für Toleranz wirbt mit sozialpsychologischen Tests, Videos, Interviews und Filmen für mehr Akzeptanz. Taschen werden am Eingang kontrolliert. *So–Do 12–22, Fr 12–15 Uhr | 400 Rubel | Uliza Obraszowa 11 | www.jewish-museum.ru | Metro 5, Tram 9 Nowoslobodskaja*

KLOSTERSTADT SERGIJEW POSSAD ★ (137 D1) (*M 0*)

Wallfahrtsort und Ausflugsziel vor den Toren Moskaus ist das *Dreifaltigkeits-Sergios-Kloster (www.stsl.ru)* mit seinen Zwiebeltürmen in Sergijew Possad, früher auch Sagorsk genannt. Per Vorortzug vom Jaroslawler Bahnhof aus ist es für 100 Rubel in weniger als 1,5 Stunden zu erreichen. Sergijew Possad ist also ein ideales Ziel für einen Tagesausflug.

Das Kloster ist bis heute das wichtigste geistliche Zentrum Russlands, vergleichbar dem Vatikan, obwohl die russisch-orthodoxe Kirche weniger zentralistisch aufgebaut ist. Seine blauen und goldenen Zwiebeltürme sind bereits aus großer Ferne zu sehen. Wenn Sie hinter den hohen Festungsmauern über den großen Klosterhof laufen, treffen Sie Schüler des Priesterseminars und der Akademie der russisch-orthodoxen Kirche in ihren schwarzen Soutanen. Zahlreiche Pilger drängen sich in der kleinen Dreifaltigkeitskathedrale von 1422 mit ihren goldenen Kuppeln und dem Grab des Heiligen Sergios. Babuschkas füllen sich in der Brunnenkapelle wundertätiges Wasser ab.

Bis heute ist Sergijew Possad das erste und wichtigste der fünf Lawra- oder Einsiedlerklöstern der russisch-orthodoxen Kirche. Das symbolisiert auch die größte Kirchenglocke der Welt, die rund 72 t schwer und 4,5 m hoch ist. Sie wurde 2004 neu auf dem 87 m hohen Glockenturm angebracht – der bereits 1761 errichtet worden war.

Etwa um 1340 hatte der Bojarensohn Sergios von Radonesch sich in den einsamen Wäldern 68 km nördlich von Moskau eine Mönchsklause und eine kleine Holzkapelle errichtet. Schnell scharten sich Anhänger um ihn. Von hier aus feuerte Sergios den Widerstand gegen die Goldene Horde der Mongolen an und ließ das Kloster befestigen. In der „Zeit der Wirren" um 1600 konnten zwar polnische Truppen Moskau erobern, nicht jedoch das Wehrkloster einnehmen. Eine 16 Monate lange Belagerung scheiterte. Die Volkshelden Kusma Minin und Dmitri Poscharski, deren Denkmal auf dem Roten Platz steht, konnten von der Klosterstadt aus schließlich die Befreiung der Stadt organisieren. Für die Zaren der Romanow-Dynastie, die danach auf den russischen Thron gehoben wurden, war das Kloster seitdem ein wichtiger Wallfahrtsort. Der junge Zar Peter der Große fand hier 1688 Zuflucht vor der aufständischen Strelitzengarde. 1919 wurde das Kloster aufgelöst, 1946 aber von Stalin an die Kirche zurückgegeben. Von 1946 bis 1988 war es im Anschluss Sitz des Patriarchen der russisch-orthodoxen Kirche. Noch heute beeindruckt die 12 m hohe, 6 m dicke und 1,5 km lange weiße *Festungsmauer,* die von den blauen, mit goldenen Sternen geschmückten Zwiebelkuppeln der *Mariä-Entschlafens-Kathedrale* überragt wird, die Iwan der Schreckliche 1559 nach Moskauer Vorbild erbauen ließ. Kleiner, aber noch älter und bedeutsamer ist die *Dreifaltigkeitskathedrale* mit dem *Grab des Klostergründers Sergios.* Das Original der berühmten Dreifaltigkeitsikone des Malers Andrej Rubljow, angeblich ein Schüler von Sergios, wird allerdings heute nicht mehr hier, sondern in der Tretjakow-Ga-

SEHENSWERTES

lerie ausgestellt. In Sergijew Possad kann nur eine Kopie besichtigt werden.

Das Kloster ist jeden Tag von 5 bis 21 Uhr für Besucher geöffnet. Es werden auch Führungen auf Deutsch für 700 Rubel pro Person angeboten. Gruppenführungen sind günstiger.

KREML IN ISMAILOWO (U F2) (*M 0*)

Auf einem Hügel am Ufer des Serebrjano-Winogradny-Teichs erhebt sich der Kreml von Ismailowo. Außer dem Kunsthandwerk- und Flohmarkt beherbergt das Gelände einen imposanten Glockenturm und viele hölzerne Turmhäuser. Darin sind zahlreiche Ausstellungen untergebracht, wie ein *Glockenmuseum*, ein *Museum für russisches Spielzeug*, ein *Museum für russische Kostüme* und eines für *russische Märchen*. Besonders empfehlenswert ist die 46 m hohe, Nikolaus von Myra geweihte *Holzkirche*. Der hölzerne *Zarenpalast* von Kolomenskoje ist im Kreml von Ismailowo neu aufgebaut worden und umfasst einen Teich, einen Menagerie und ein Vogelhaus.

Das **INSIDER TIPP** *Wodka-Museum* (180 Rubel | www.vodkamuseum.ru) auf dem Kremlgelände bietet neben den obligatorischen Kostproben auch Geschichtliches und Rezepte. Im Eintrittspreis ist ein Gläschen Wodka enthalten. *Tgl. 10–20 Uhr | Ismailowskoje Schosse 73 | www.kremlin-izmailovo.com | Metro 3 Partisanskaja*

LOMONOSSOW-UNIVERSITÄT
(U B4) (*M 0*)

Das 235 m hohe, gigantische Gebäude der Lomonossow-Universität, Moskaus staatlicher Hochschule, überragt seit 1953 die gesamte Szenerie der Sperlingsberge. Die Universität ist eines von sieben Gebäuden im monumentalen stalinistischen Zuckerbäckerstil und normalerweise für Touristen nicht zugänglich. *Uliza Leninskie Gory 1 | Metro 1 Uniwersitet*

[17] INSIDER TIPP MULTIMEDIA ART MUSEUM (133 D3) (*M E12*)

Auf sieben Etagen finden Fotobegeisterte im Multimedia Art Museum ständig wechselnde Ausstellungen weltberühmter Fotografen. Es werden Bilder von den Anfängen der Technik bis hin zur digitalen Fotografie gezeigt. Ein Videoangebot ergänzt das Programm. Das Museum veranstaltet regelmäßig die *Moskauer Photo Biennale* und das *Internationale Festival für Fashion und Style der Fotografie*. *Di–So 12–21 Uhr | 300 Rubel | Uliza Ostoschenka 16 | www.mamm-mdf.ru | Metro 1, 5 Park Kultury, Kropotkinskaja*

NEUJUNGFRAUENFRIEDHOF (NOWODEWITSCHOJE KLADBISCHTSCHE)
(U B4) (*M A15*)

Seit 1889 wird auf dem 7,5 ha großen Friedhof neben dem Neujungfrauenkloster Moskauer Prominenz beerdigt: So haben unter anderem die Dichter Gogol, Tschechow und Bulgakow, Stalins Frau Nadeschda Alilujewa, Nikita Chruschtschow, Raissa Gorbatschowa, Boris Jelzin und der Cellist Mstislaw Rostropowitsch dort ihre letzte Ruhestätte. Viele der Grabsteine sind Werke berühmter Bildhauer wie Ernst Neiswestny. Eine besonders **INSIDER TIPP** schöne Atmosphäre herrscht an Ostern auf dem Friedhof. Dann legen Familienangehörige Kuchen auf die Gräber ihrer Angehörigen und zünden Kerzen darauf an. Aber auch wenn die Gräber von einer dicken Schneedecke überzogen sind, lohnt sich ein Besuch. *Tgl. 10–17 Uhr | Nowodewitschi Prospekt 1 | www.novodevichye.com | Metro 1 Sportiwnaja*

NEUJUNGFRAUENKLOSTER (NOWODEWITSCHI MONASTYR) ★ ●
(U B4) (*M A15*)

Es ist die größte und schönste Klosteranlage Moskaus – dank der Nonnen, die

AUSSERHALB DER CITY

Hinter den schönen Mauern des Neuen Jungfrauenklosters verschwanden aufmüpfige Frauen

1812 die Zündschnüre von den Sprengsätzen der abrückenden Franzosen löschten. 1524 als Wehrkloster an der Straße nach Polen gebaut, wurde es schnell eines der reichsten russischen Klöster. 1598 wählte man hier Boris Godunow zum Zaren. Er ließ die Mauern nach Kremlvorbild höher bauen und nutzte den Ort als Erster als Verbannungsort für Ehefrauen der höheren Gesellschaft. Peter I. schickte nach dem Strelitzenaufstand 1689 seine Halbschwester Sophia hierher, da sie zu den Putschisten gehört hatte. 1698 wurde seine erste Frau Jewdokia hier zur Nonne geschoren. 1922 machten die Sowjets aus dem Kloster ein Museum für die Frauenbefreiung, 1994 wurde es wieder zum regulären Kloster, kann aber weiterhin besichtigt werden. Der gesamte Komplex ist von der Unesco zum Weltkulturerbe erklärt worden. In der zentralen *Smolensker Kathedrale* sind sehr schöne alte Fresken des 16. Jhs. erhalten. Der sechsstöckige *Glockenturm* beeindruckt. Auf dem Friedhof sind neben zwei Schwestern Peters und seiner Halbschwester auch aufständische Dekabristen von 1825 begraben. *Mi–Mo 10–17.30 Uhr, 1. Mo im Monat geschl. | Eintritt Gelände frei, Museum 150, Foto- u. Videoaufnahmen 100 bzw. 200 Rubel | Nowodewitschi Prospekt 1 | www.shm.ru/novodev.html | Metro 1 Sportiwnaja*

PALAST KUSSKOWO (137 D4) (*0*)
Eine der größten Porzellansammlungen der Welt präsentiert 30 000 Wunderwerke aus Meißen, China und russischen Manufakturen ab 1700. Sehenswert ist auch der prächtige klassizistische Palast von 1775, der sich, mit Barockelementen verziert, auf steinernem Fundament erhebt – eine verputzte Holzkonstruktion. Ebenso erhalten sind die Orangerie mit historischem Konzert- und Tanzsaal, eine Hauskirche und eine weitläufige Parkanlage mit See. *Mitte April–Mitte Okt. Mi–So 10–18, Mitte Okt.–Mitte April 10–16 Uhr, letzter Mi im Monat geschl. | 250 Rubel | Uliza Junosti 2 | www.kuskovo.ru | Metro 7 Rjasanski Prospekt, dann Bus 133, 208*

SEHENSWERTES

PLANETARIUM ● (128 C5) (*D9*)
Im Planetarium von 1923 finden Sie auf vier Ebenen neben dem großen Saal in der Kuppel ein ganzes Vergnügungszentrum mit 3-D-Kino und Cafés. Der Eintritt kostet zwischen 150 und 600 Rubel. *Mi–Mo 10–21 Uhr | Tel. 495 2 21 76 90 | Uliza Sadowaja-Kudrinskaja 5/1 | www.planetarium-moscow.ru | Metro 5,7 Barrikadnaja, Krasnopresnenskaja*

SIEGESPARK (PARK POBEDY) (U A3–4) (*O*)
Vom Kreml aus Richtung Westen, direkt hinter dem Triumphbogen zur Feier des Siegs über Napoleon beginnt der Siegespark. Eine kilometerlange Allee von Springbrunnen, die nachts blutrot angeleuchtet sind, führt zum 142 m hohen *Obelisken* mit der griechischen Siegesgöttin Nike. Die Anlage ist beliebt bei Spaziergängern, Hochzeitspaaren und Inlineskatern. Letztere gründeten 2004 sogar eine Schule. Mehr als 40 professionelle Lehrer der *Rollerschool (www.rollerschool.ru)* erteilen Anfängern und Fortgeschrittenen kostenlosen Unterricht im Park *(Mai–Sept. So ab 18 Uhr).*
Auf einem Hügel liegt das *Ehrenmal für die Gefallenen des 2. Weltkriegs,* in dem es eine Dauerausstellung von Waffen und Schlachtpanoramen gibt. Neben dem *Triumphbogen* ist in einem runden Museumsbau das 115 m lange *Panoramagemälde der Schlacht von Borodino (Sa–Mi 10–18, Do 10–21 Uhr, letzter Do im Monat geschl. | 250 Rubel | Kutusowski Prospekt 38)* im Jahr 1812 von Franz Rubo ausgestellt, bei der Napoleon sich nur unter großen, kriegsentscheidenden Verlusten den Weg nach Moskau freikämpfte. *Metro 3 Park Pobedy*

TOLSTOI-HAUS ● (132 C5) (*D14*)
Eines der wenigen erhaltenen hölzernen Herrenhäuser in Moskau, gelegen in einem ruhigen Garten, gebaut 1800. Tolstoi lebte hier mit seiner Familie 19 Jahre lang bis kurz vor seinem Tod. Die Einrichtung ist komplett erhalten. Es gibt gute Führungen. *Di–So 11–17 Uhr, letzter Fr im Monat und Okt.–März So geschl. | Uliza Lva Tolstogo 21 | Metro 5 Park Kultury*

LOW BUDGET

▶ Nicht nur das *Bulgakow-Museum* **(129 D4)** (*E8*) *(So–Do 13–23, Fr–Sa 13–1 Uhr | Bolschaja Sadowaja Uliza 10 | www.dombulgakova.ru | Metro 2 Majakowskaja),* auch die Literaturabende dort sind frei zugänglich. Außerdem werden hier Stadtrundgänge organisiert.

▶ Für den ersten Moskau-Eindruck eignet sich eine kurze, sehr günstige ● Stadtrundfahrt in eigener Regie. Steigen Sie an der Metrostation *Park Pobedy* **(U A4)** (*O*) in den Trolleybus Nr. 2. Eine Fahrkarte kostet nur 40 Rubel, egal wie lange Sie im Bus bleiben. Er fährt den Kutusowski Prospekt stadteinwärts, vorbei am im Zuckerbäckerstil gebauten Hotel *Ukraina*, weiter via den Neuen Arbat zum Manegeplatz. Über das *Bolschoi-Theater* geht es um den Kreml bis zur Metrostation *Lenin-Bibliothek*.

▶ Peter der Große gründete den *Apothekergarten* **(130 B2)** (*J6*) *(Aptekarski Ogorod | außer im April tgl. 10–19 Uhr | Prospekt Mira 26 | Metro 5 Prospekt Mira)* und pflanzte 1706 persönlich die Lärche, die dort heute noch steht. Für 100 Rubel gibt es subtropische Gewächshäuser und das Laboratorium zu bewundern.

ESSEN & TRINKEN

Moskau hat Delikatessen für jedermann: für die einen Pellkartoffeln mit Quark vom Straßenimbiss auf die Hand, für die anderen gebackenen Wolga-Stör mit Kaviar und Krimsekt, russische Pelmeni mit Wodka oder japanische Sushi-Platte mit Sake, kaukasisches Schaschlik oder sibirische Fischsuppe *(Ucha)*, Rentierfilet oder italienisches Carpaccio.

Aus der kulinarischen Wüste des sowjetischen Moskau ist ein internationaler Gourmet-Treffpunkt geworden. Die russische Hauptstadt ist Anziehungspunkt für ehrgeizige Küchenchefs und Restaurantbetreiber, da hier der Rubel rollt und nicht nur der Wodka in Strömen fließt. Schon lange haben die über 120 Nationalitäten Russlands ihre Küchen hierher mitgebracht – und sind dabei durchaus stolz und qualitätsbewusst. Gab es zu Sowjetzeiten nur wenige und schlechte Lokale, kommen heute zu den vielen guten fast täglich neue hinzu. Und auch wenn Café auf dem Schild steht, ist oft ein Restaurant drin.

Bald an jeder Straßenecke im Zentrum eröffnen japanische Sushi-Bars, in denen die neue Moskauer Mittelschicht ihren kulinarischen Nachholbedarf kalorienbewusst befriedigt. In Frühstückscafés, die es bis vor wenigen Jahren noch gar nicht gab, brunchen an Sonntagen ganze Kleinfamilien. Dank WLAN und Notebook lässt sich zwischendurch auch im Café ganz lässig der eine oder andere Job erledigen. Wer mittelasiatisches Ambiente und *Plow* (oder *Pilaw* – Reistopf mit Fleisch und Gemüse) genießen will,

Bild: Blinys

> **Die Moskauer Restaurantszene kann mit dem höchsten internationalen Niveau mithalten – auch preislich. Es geht aber auch günstig**

muss nicht nach Taschkent reisen, sondern kann in szenisch gestalteten Luxusrestaurants speisen und dazu Bauchtanz live erleben. Und selbst ein Moosbeerendrink mit Polarkreisatmosphäre ist gleich in Kremlnähe zu bekommen.

In georgischen, aserbaidschanischen und armenischen Restaurants wird an Feiertagen manchmal ohrenbetäubend laute Livemusik für Tanzlustige gespielt, denn ein Restaurantbesuch ist für viele ein Vergnügen, bei dem es nicht allein ums Essen geht.

Zu einer russischen oder kaukasischen Festtafel gehören unbedingt unzählige Vorspeisen, kalte Platten mit Fisch und Fleisch, Pfannkuchen mit Kaviar, Pilzen und Eingelegtem. Darauf folgt – noch vor dem Hauptgang – eine Suppe, zu der es (wie zu fast allem) Brot oder auch Piroggen gibt. Wer nach dem Hauptgericht auch noch den Nachtisch geschafft hat, darf zum krönenden Abschluss Marmelade zum Tee löffeln.

Wenn Sie in Moskau einen Kaffee bestellen, wird immer ein Mokka oder Es-

CAFÉS

presso gebracht, sollten Sie nicht ausdrücklich „Café Americano" sagen. Die Maßeinheit für Getränke ist Gramm, die Standardmenge für einen Wodka 100 g, also 0,1 l. Es gehört sich nicht, Alkohol ohne Speisen zu trinken – und ohne Trinkspruch. Inzwischen gibt es sehr gute russische Brauereien, die auch deutsches Bier in Lizenz produzieren. Weine gibt es aus nahezu aller Welt. Wenig Alkohol enthält *Medowucha* (Honigwein). Serviert werden auch alkoholfreie Traditionsgetränke wie *Kwass* (aus Brot hergestellt), *Mors* (Beerensaft) oder Mineralwasser aus dem Kaukasus.

CAFÉS

CAFÉ MARGARITA (127 D5) (*E8*)
An den nahen Patriarchenteichen fängt der Roman „Meister und Margarita" an, weshalb das Café ein Magnet für Michail-Bulgakow-Fans ist. Einfache gute Küche; empfehlenswert: die Pilze und der türkische Mokka. Abends Klaviermusik. *Tgl. 13–24 Uhr | Uliza Malaja Bronnaja 28 | Tel. 495 6 99 65 34 | www.cafe-margarita.ru | Metro 2 Majakowskaja*

INSIDER TIPP CAFÉ PIÙ (130 C5) (*J9*)
In dem wie eine Backstube gestalteten Café lässt es sich in entspannter Atmosphäre gut frühstücken oder zu Mittag essen. Die Spezialität des Più sind die frischen Backwaren und Kuchen. Im offenen Backbereich können Gäste den Bäckern auf die Finger schauen. *Mo–Fr 8–23, Sa/So 10–23 Uhr | Tschistoprudyj Bulwar 9 | Metro 1 Tschistyje Prudy*

CORREA'S
Eine Kette kleiner, aber beliebter Frühstückscafés – Tipp fürs Wochenende – mit mediterran-internationaler Speisekarte. *Mo–Fr 8–23, Sa/So 9–23 Uhr | Bolschaja Ordynka Uliza 40/2* (134 A4) (*H13*) *| Metro 2 Nowokusnezkaja | www.correas.ru*. Weitere Filiale: *Bolschaja Grusinskaja Uliza 32* (128 B4) (*C8*) *| Metro 2, 5 Belorusskaja*

INSIDER TIPP KLUB TSCHAINOI KULTURY (CLUB DER TEEKULTUR) (129 E3) (*F7*)
Im Verwaltungsgebäude des Ermitage-Gartens befindet sich diese Oase der Besinnlichkeit. Die Klubmitglieder führen durch die Teezeremonie. *So–Do 10–24 Uhr, Fr/Sa 10–6 Uhr | Uliza Malaja Dmitrowka 24/2 | www.chaiclub.ru | Metro 2, 9 Twerskaja, Tschechowskaja*

KOFEMANIA
Da das stilvolle italienische Café am Konservatorium stets voll war, gibt es nun 15 Ableger: Frühstück und rund um die Uhr Torte, Salate und kleine Gerichte. Sehr teuer. *Tgl. 24 Std. | Uliza Bolschaja Nikitskaja 13* (129 E6) (*F10*) *| Metro 1, 4 Ochotnyj Rjad, Aleksandrowski Sad*. Weitere Filialen: *Kudrinskaja Ploschad 46/54* (128 C6) (*D9*) *| Metro 5, 7 Krasnopresnenskaja, Barrikadnaja; Uliza Roschdestwenka 6/9/20* (127 E1) (*H9*) *| Metro 7 Kusnezki Most*

SCHOKOLADNITSA
Café-Kette mit mehr als 120 Filialen. In jeder gibt es rund um die Uhr Frühstück, Latte, Tee und natürlich auch Schokolade. *Tgl. 7–23 Uhr | Uliza Arbat 29* (133 C2) (*E11*) *| Metro 3 Smolenskaja | www.shoko.ru*. Weitere Filialen: *Uliza Bolschaja Jakimanka 58/2* (133 E6) (*F14*) *| tgl. 24 Std. | Metro 5, 6 Oktjabrskaja; Grusinski Wal 26* (128 B3) (*D6*) *| So–Do 8–24 Uhr, Fr/Sa 24 Std. | Metro 2, 5 Belorusskaja*

VOGUE CAFÉ (129 F5) (*G9*)
Das In-Café überhaupt. Glamourös wie das Magazin. Cocktails satt und gute

ESSEN & TRINKEN

russische, italienische und asiatische Küche. *Mo–Mi 8.30–1, Do/Fr 8.30–2, Sa/So 12–1 Uhr | Uliza Kusnezki Most 7/9 | Tel. 495 6 23 17 01 | Metro 7 Kusnezki Most*

INSIDER TIPP ZIFFERBLATT ●
(129 E5) (*F8*)

Hier läuft keinem die Zeit davon. Das Café Zifferblatt ist der Gegenentwurf zum hektischen Moskauer Stadtleben. Statt seinen Verzehr bezahlt der Gast für die Dauer seines Aufenthalts – zwei Rubel pro Minute. Das macht in der Stunde etwa drei Euro. Dafür bekommt man in vielen anderen Moskauer Cafés nicht mal einen Cappuccino. Jeder Gast erhält am Eingang einen nostalgischen Wecker, der jedoch nur symbolischen Charakter hat. Viele Zifferblätter haben gar keinen Zeiger mehr. Das Personal notiert sich die Ankunftszeit, danach darf sich jeder selbst bedienen, auf einem Sofa sitzen oder im Schaukelstuhl die Beine baumeln lassen. In dem wie eine gemütliche Wohnung eingerichteten Zifferblatt gibt es Tee oder Kaffee und jede Menge Kekse. Speisen dürfen auch mitgebracht werden. *Tgl. 11–24 Uhr | Twerskaja Uliza 12/1 | im zweiten Stock, an der Haustür klingeln | www.ziferblat.net | Metro 7 Puschkinskaja und Uliza Pokrowka 12 (130 C6) (K9) | Eingang im Hinterhof | Metro 1 Tschistyje Prudy*

ZURZUM-CAFÉ (131 E6) (*O*)

Im Kulturzentrum Winsavod bietet das ZurZum zu jeder Tageszeit die passende Speise an. Wer es etwas verspielt und kitschig mag, ist hier richtig. Beeindruckend ist die riesige Cocktailkarte. *Tgl. 10–23 Uhr | 4. Syromjatnitscheski Pereulok 1/6 | Metro 5 Kurskaja*

RESTAURANTS €€€

BELOJE SONLZE PUSTYNI ★
(129 F4) (*G8*)

Eingerichtet wie im gleichnamigen sowjetischen Kultfilm, bietet das Restaurant „Weiße Sonne der Wüste" gute mittelasiatische und arabische Küche und abends den dazugehörigen Bauch-

---

MARCO POLO HIGHLIGHTS

★ **Beloje Sonlze Pustyni**
Reistopf und Bauchtanz à la Taschkent – hier erinnert alles an den Sowjet-Kultstreifen „Weiße Sonne der Wüste" → S. 65

★ **Café Puschkin**
Hier erleben Sie beste russische Küche, die in imperialem Ambiente serviert wird → S. 66

★ **Bosco Café**
Was Moskau ausmacht: Wein und Pasta mit direktem Blick auf den Roten Platz und Lenins Mausoleum im großen Kaufhaus GUM genießen → S. 69

★ **Mr. Lee**
Gastronomische Alternative: Bodenständige, asiatische Küche zu fairen Preisen, die selten im Zentrum Moskaus zu finden sind → S. 70

★ **Taras Bulba**
Hier steht feurige ukrainische Küche auf der Karte. Jedes Restaurant dieser Kette ist wie eine typische Dorfgaststätte eingerichtet → S. 73

★ **Zentralny Dom Literaterow (Zentrales Haus der Schriftsteller)**
Ein Luxusrestaurant im Adelspalast – und damit nicht nur für Literaten interessant → S. 66

RESTAURANTS €€€

tanz. Im Innenhof stolziert ein Pfau. *Tgl. 12–3 Uhr | Uliza Neglinnaja 29 | Tel. 495 6 25 25 96 | www.bsp-rest.ru | Metro 2, 9, 10 Teatralnaja, Zwetnoi Bulwar, Trubnaja*

CAFÉ PUSCHKIN ⭐ (129 E5) (*F8*)
Viele deutsche Wirtschaftsvertreter sind hier Stammgäste. Es herrscht eine Atmosphäre wie zur Blütezeit des russischen Imperiums. Inmitten von hohen Stuckdecken und Bücherregalen werden ausgezeichnete russische Küche und gute Weine angeboten. *Tgl. 24 Std. | Twerskoj Bulwar 26a | Tel. 495 7 39 00 33 | Metro 2, 7 Twerskaja, Puschkinskaja*

CHODSCHA NASSREDIN W CHIWE (130 C6) (*K9*)
Im Erdgeschoss dieses Lokals wird vor Ihren Augen usbekisch gekocht und

GOURMETTEMPEL

Godunow (127 D2) (*G9*)
Traditionelle russische Küche, serviert in Klostergewölben des 17. Jhs. Die wiederentdeckten alten russischen Rezepte sind kulinarische Erlebnisse – für 2600 Rubel pro Person, inkl. Zigeunerensemble. *Tgl. 12–24 Uhr | Teatralnaja Ploschad 5 | Tel. 495 6 98 44 80 | Metro 1, 2, 3 Ochotnyj Rjad, Teatralnaja, Ploschad Revoluzii*

Les Menus (132 C2) (*D11*)
Wollen Sie Haute Cuisine genießen, gibt es in Moskau nur eine Adresse: Pierre Gagnaires *Les Menus* im *Lotte* Hotel. Der Drei-Sterne-Koch verwöhnt seine Gäste täglich mit exzellenter französischer Küche, die er sehr leicht und experimentell präsentiert. Ab 4000 Rubel pro Person. *Tgl. 12–22.30 Uhr | Novinskiy Bulwar 8/2 | Tel. 495 7 45 10 00 | www.lottehotel.ru | Metro 4 Smolenskaja*

Sirena (130 C3) (*K6*)
Die „Sirene" gilt als bestes Fischrestaurant ganz Moskaus. Eingerichtet im Stil britischer Karavellen, schwimmen Störe und Karpfen unter den Gästetischen. Vier Gänge kosten ab 4000 Rubel. *Tgl. 12–24 Uhr | Bolschaja Spasskaja Uliza 15 | Tel. 495 6 08 14 12 | Metro 6 Sucharewskaja*

Turandot (129 E5) (*F8*)
Roter Marmor, überall blitzt Gold und funkeln meterhohe Porzellanvasen. Auch die Karte könnte exquisiter nicht sein. Zu Pekingente mit schwarzem Kaviar und hausgemachten Blintschiki geht dort schon mal eine Flasche Wein für 2000 Euro über den Tisch. Samstags und sonntags können Sie sich an einem ausladenden Brunch für 4200 Rubel durch die Spezialitäten aus aller Welt schlemmen. *Tgl. 12–24 Uhr | Twerskoj Bulwar 26/5 | Tel. 495 7 39 00 11 | www.turandot-palace.ru | Metro 2 Twerskaja*

Zentralny Dom Literaterow ⭐ (128 C6) (*D9*)
Der holzgetäfelte Saal im Palast beflügelt die Phantasie: Im „Zentralen Haus der Schriftsteller" tagte einst eine Freimaurerloge und spielten Szenen von Tolstois „Krieg und Frieden". Erstklassige russische und europäische Küche, herrlicher Mokka, beste Zigarren. Ab 3000 Rubel. *Tgl. 12–24 Uhr | Uliza B. Nikitskaja 53 | Tel. 495 2 91 15 15 | Metro 5, 7 Krasnopresnenskaja, Barrikadnaja*

ESSEN & TRINKEN

Entdecken Sie in den Klostergewölben des Godunow alte russische Küche für sich

gebraten, im ersten Stock können Sie Bauchtanz erleben. Gegessen wird in Paschapose im Liegen. *Tgl. 12–0.30 Uhr | Uliza Pokrowka 10 | Tel. 495 917 04 44 | Metro 1, 7 Tschistyje Prudy, Kitaigorod*

INSIDER TIPP EXPEDICIA
(134 C1) (*K11*)
Tundrastimmung pur: Hier wird die Küche der Völker des hohen Nordens und Sibiriens serviert. Auf der Speisekarte stehen unter anderem Rentierfilet und Bärentatzen. Nach dem Essen wird ein Glas Selbstgebrannter und Baumharz als Kaugummi gereicht. Die Betreiber des Lokals organisieren auch Expeditionen und Rallyes. *Tgl. ab 12 Uhr | Pewtscheski Pereulok 6 | Tel. 495 775 60 75 | www.expedicia.ru | Metro 6, 7 Kitaigorod*

SCHINOK (DIE SCHENKE)
(U B3) (*A9*)
In diesem ukrainischen Restaurant werden landestypische Leckereien wie Borschtsch und rosaroter Speck von Kellnern in Nationaltracht gereicht. Im Inneren gibt es einen Bauernhof mit Tieren. Jedes Wochenende wird von 13 bis 18 Uhr ausgiebig gebruncht. *Tgl. 24 Std. | Uliza 1905 Goda 2a | Tel. 495 651 81 01 | www.shinok.ru | Metro 7 Uliza 1905 Goda*

SEMIFREDDO (130 C4) (*D13*)
Hell und schlicht im Design, dazu bringt Chefkoch Nino Graziano edel präsentierte italienische Gerichte auf den Tisch. *Tgl. ab 12 Uhr | Uliza Rossolimo 2 | Tel. 499 766 46 46 | www.semifreddo-group.com | Metro 5 Park Kultury*

INSIDER TIPP SIXTY (U B3) (*O*)
Schlemmen über den Dächern Moskaus. Im 62. Stock des Föderationsturms wird Essen zum Erlebnis. Genießen Sie den Blick über das neue Viertel *Moscow City*. Bei einem außergewöhnlichen Menü oder einem leckeren Cocktail können Sie zusehen, wie die Nachbartürme immer größer werden oder einfach nur den Blick über die nie still stehende Metropole schweifen lassen. *Tgl. ab 12 Uhr | Presnenskaja Nabereschnaja 12, im Föderationsturm | Tel. 495 653 83 69 | Metro 4 Vystavocnaja, Mezdunarodnaja*

RESTAURANTS €€€

SPEZIALITÄTEN

▶ **Bliny** – kleine Pfannkuchen, die am besten zu Lachs, rotem oder schwarzem Kaviar schmecken. Oder ganz einfach pur mit saurer Sahne *(Smetana)*
▶ **Borschtsch** – eine Suppe aus Roter Bete, Kartoffeln, Weißkohl und Rindfleisch. Dazu passt ein Löffel dicker saurer Sahne (Foto re.)
▶ **Chatschapuri** – hat zusammen mit dem Schaschlik aus Georgien kommend Moskau erobert. Dick mit Käse überbackene Teigfladen
▶ **Pelmeni** – kommen wie die artverwandten Ravioli aus dem Osten. Gekochte Teigtaschen mit Fleischfüllung. Und dazu – Smetana!
▶ **Piroggi** – gebratene oder gebackene Teigtaschen gefüllt mit Kohl, Kartoffeln, Pilzen, Fleisch oder Fisch. Eine gute Beilage zu Suppen
▶ **Sakusski** – die russischen Vorspeisen sind oft dermaßen opulent, dass viele bereits an ihnen scheitern: geräucherter Stör, gesalzener Lachs, Kaviarhäppchen, Hering mit Zwiebeln, Zunge mit Meerrettich, Bratenscheiben, eingelegte Pilzchen, marinierter Knoblauch oder Bärlauch (Foto li.)
▶ **Soljanka** – dicke Eintopfsuppe aus Fisch oder Fleisch, Pilzen, Gemüse, Salzgurken, Kapern, Kräutern und Smetana
▶ **Ucha** – eine dünne, aber köstliche Suppe aus drei oder mehr Fischsorten mit ein wenig Kartoffeln. Damit bewirtete schon Fürst Dolgoruki seine Gäste
▶ **Wareniki** – stammen eher aus der Ukraine. Maultaschen mit meist süßer Füllung zum Nachtisch: Kirschen, Quark oder auch Pilze. Mit Smetana
▶ **Wobla** – nicht jedermanns Sache, aber urrussisch: luftgetrockneter Fisch, der am Tisch gesäubert, zerlegt und zum Bier geknabbert wird. Russische Chips! Ohne Smetana!

SKY LOUNGE ☼ (U C4) (🕮 C18)
Wem die Sky Lounge nicht zu teuer ist, der blickt aus dem 22. Stockwerk der Wissenschaftsakademie auf die Stadt herab. Terrassen in alle vier Himmelsrichtungen, auf dem Speiseplan stehen European Fusion und asiatische Phantasien. *Tgl. ab 13 Uhr | Leninski Prospekt 32a | Tel. 495 7815775 | www.skylounge.ru | Metro 6 Leninski Prospekt*

SUDAR (0) (🕮 0)
Nobles Restaurant im herrschaftlichen Stil mit russischer Küche in unmittelba-

ESSEN & TRINKEN

rer Nähe zu dem Panorama von Borodino und dem Ruhmeshügel (Poklonnaja Gora). Die Gerichte werden nach historischen Rezepten zubereitet. An den Wänden hängen alte Gemälde und Porträts. *Tgl. 12 Uhr | Kutusowski Prospekt 36a | Tel. 495 2 10 16 19 | www.sudar.ru | Metro 4 Kutusowskaja, Park Pobedy*

UILLIAM'S (129 D5) (*E9*)

An lauen Sommertagen öffnet das Uilliam's seine großen Türen. Das trendige und hippe Publikum genießt die internationale Küche dann auf den Stufen oder dem Gehsteig. Besonders zu empfehlen sind die Spaghetti mit Shrimps. Deren und alle anderen Zubereitungen kann jeder Gast in der offenen Küche verfolgen. *Tgl. ab 10.30 Uhr | Malaja Bronnaja 20a | Tel. 495 9 21 22 22 | Metro 2, 7 Majakowskaja, Puschkinskaja*

VILLAGE KITCHEN (129 D5) (*E9*)

Das neue Restaurant nahe dem Patriarchenteich besticht durch einen freundlichen Service und die Produkte aus biologischem Anbau. Zwischen Kräutertöpfen und schlichtem, weißem Mobiliar schmeckt die russische Küche ganz ausgezeichnet. Zu empfehlen sind die Ravioli mit Kartoffel-Kräuter-Füllung. *Tgl. 10–23 Uhr | Malaja Bronnaja | Tel. 495 6 95 95 25 | www.vk-catering.ru | Metro 2, 7 Majakowskaja, Puschkinskaja*

WHITE RABBIT (132 B2) (*D11*)

Das Moskauer In-Lokal. Hier treffen sich die Schönen und Reichen der Weltmetropole. Doch auch die internationale Küche des White Rabbit kann sich sehen lassen. Unter dem Kuppeldach im 16. Stock kann man auch über die hohen Cocktailpreise hinwegsehen. *Tgl. 12–6 Uhr | Smolenskaja Ploschad 3 | Tel. 495 7 82 62 62 | www.whiterabbitmoscow.ru | Metro 4 Smolenskaja*

RESTAURANTS €€

01 (136 C4) (*0*)

Eine waschechte Feuerwehrkneipe (01 ist der Notruf in Moskau) mit einem Feuerwehrauto im zweiten Stock. Im Angebot: schmackhafte Küche zu gutem Bier; eine große Auswahl von beidem. *Prospekt Wernadskogo 6 | Tel. 495 9 38 22 18 | www.pivnaya01.ru | Metro 1 Universität*

BOSCO CAFÉ ★ (127 D3) (*G10*)

Im GUM, mit Blick auf den Roten Platz, direkt gegenüber dem Lenin-Mausoleum, wird bester italienischer Wein zu Pasta und leckerer Kuchen zum Kaffee gereicht. Besonderes Highlight: die Sommerterrasse zum Draußensitzen. *Tgl. 10–23 Uhr | Krasnaja Ploschad 3 | Tel. 495 6 20 31 82 | www.bosco.ru/restoration/bosco_cafe | Metro 1, 2 Ochotnyj Rjad, Teatralnaja*

INSIDER TIPP CHESTNAJA KUCHNIA (131 D4) (*L8*)

Ein demokratisches Restaurant für erfolgreiche Leute: So nennt Chefkoch Sergej Eroschenko selbst sein Restaurant. In der „Ehrlichen Küche" steht er selbst hinter dem Herd, was selten ist in Moskau. Deshalb zeigt sich hier die russische Gastfreundschaft auch in einer besonderen Art und Weise. Leckere heimische Küche. *Tgl. 12–24 Uhr | Uliza Sadovaja-Chernogriazskaja 10 | Tel. 495 6 07 50 90 | www.chestnayakuhnya.ru | Metro 1 Krasnye Vorota*

DISSIDENT (127 E2) (*H9*)

Mit Blick auf die Geheimdienstzentrale gibt's das reichhaltigste Angebot an italienischem und französischem Käse, Pasteten und Weinen. *Tgl. 11–24 Uhr | Lubjanskaja Ploschad | Einkaufszentrum „Nautilus", 5. Stock | Tel. 495 5 00 27 67 | www.dissident.msk.ru | Metro 1 Lubjanka*

RESTAURANTS €

GENAZWALE NA ARBATE
(133 D1) (*E10*)
Ein riesiger Lehmkrug an der Außenwand dient als Blickfang, im Inneren des Lokals plätschert eine Wassermühle. Hervorragende georgische Küche mit Fisch, Fleisch und Chatschapuri. *Tgl. 12–24 Uhr | Uliza Nowy Arbat 11 | Tel. 495 6 97 94 53 | Metro 3, 4 Arbatskaja*

INSIDER TIPP GLAWPIWTORG
(130 A5) (*H9*)
Wie zu Zeiten der Planwirtschaft: Empiremöbel, rote Läufer, Flaggen und ein Kino mit typischen Filmen. Gute europäische Küche, aber auch traditionell Sowjetisches. *Tgl. 12–24 Uhr | Uliza Bolschaja Lubjanka 5 | Tel. 495 6 28 25 91 | www.glavpivtorg.ru | Metro 1 Lubjanka*

MR. LEE ★ (130–131 A5) (*G9*)
Mitten im Zentrum gelegen, bietet Mr. Lee moderne asiatische Küche. Zu empfehlen sind insbesondere die Wan-Tan-Suppe und Hühnchen in Zitronensoße. Angenehmer und freundlicher Service. *Tgl. ab 12 Uhr | Uliza Kusnezki Most 7 | Tel. 495 6 28 76 78 | Metro 7 Kusnezki Most*

INSIDER TIPP PETROWITSCH
(130 B5) (*J9*)
Es sollte ein Club der Freunde des Karikaturisten Petrowitsch sein, wuchs aber schnell darüber hinaus. Voller Werke des Meisters alias Andrej Bilscho. Das Essen ist europäisch bis russisch, die Preise liegen im Normalbereich – für alle, die die Gesichtskontrolle überwinden. *Tgl. 14–5 Uhr | Uliza Mjasnitskaja 24, Gebäude 3 | Tel. 495 6 23 00 82 | www.clubpetrovich.ru | Metro 1 Tschistyje Prudy*

PJATY OKEAN (FÜNFTER OZEAN)
(135 D4) (*L13*)
Ein Bierlokal höchster Güte mit gehobener Küche. Gebraut wird unterm selben Dach; die Gäste können selbst am Tisch zapfen. Jeden Tag gibt es Livemusik dazu. *So–Do 11–24 Uhr, Fr–Sa 11–06 Uhr | Uliza Marksistskaja 20 | Tel. 495 9 12 96 17 | www.fifth-ocean.ru | Metro 8 Marksistskaja*

SKANDINAVIA (129 D4) (*F8*)
Ein beliebter Treffpunkt in einem idyllischen Hinterhof am Puschkin-Platz: europäische Küche mit leicht skandinavischem Einschlag, neben Steaks gibt's Hamburger und Bier. Im Sommer wird auch im Garten serviert. *Tgl. 12–24 Uhr | Maly Palaschewski Pereulok 7 | Tel. 495 9 37 56 30 | www.scandinavia.ru | Metro 2, 7 Twerskaja, Puschkinskaja*

STARY FAJETON (128 C6) (*D9*)
Das größte traditionelle armenische Restaurant Moskaus. Kaukasische Küche und Weine genießen Sie im Sommer unter alten Bäumen im grünen Innenhof mit Blick auf ein Stalin-Hochhaus. *Tgl. 10–1 Uhr | Uliza Bolschaja Nikitskaja 55 | Tel. 495 6 91 62 52 | restoran-staryifaeton.ru | Metro 7 Barrikadnaja*

RESTAURANTS €

INSIDER TIPP CHATSCHAPURI
(128 B5) (*F8*)
Das Chatschapuri hat Moskau im Sturm erobert. Das Erfolgsrezept der kleinen Kette ist die bodenständige georgische Küche. Würziges Schaschlik, pikante Khinkali – leckere Teigtaschen, mit Pilzen, Fleisch oder Kartoffeln und Käse gefüllt – und selbstverständlich schmackhafte Chatschapuri machen den Besuch in beiden Moskauer Restaurants zu einem kulinarischen Erlebnis. *Mo–Fr 10–23, Sa/So 11–23 Uhr | Bolschoi Gnezdnikowsky 10 | Tel. 985 7 64 31 18 | www.hacha.ru | Metro 2, 7 Twerskaja, Puschkinskaja* und (132 A2) (*B11*) *Ukrains-*

ESSEN & TRINKEN

ky Bulwar 7 | Tel. 985 7 64 23 64 | Metro 5 Kiewskaja

CHMEL I SOLOD (HOPFEN UND MALZ) (U E3) (*M 0*)
Hopfen und Malz verloren? Hier sicher nicht! Das reichhaltige Angebot an süffigem Bier aus imposanten Kupferleitungen und Barhocker als Schaukeln sorgen für viel gute Laune. Passend zu den Getränken werden rustikale Gerichte serviert. *Tgl. 12–24 Uhr | Uliza Aviamotornaja 10 | Tel. 495 7755840 | Metro 8 Aviamotornaja*

EAT & TALK (126 B4) (*M F11*)
Es soll wirklich Gäste geben, die tagelang in diesem Kellerlabyrinth am Kreml sitzen und per WLAN mit der Welt verbunden bleiben, während sie Pizza und Sushi genießen oder sich zwischendurch die Verkaufsausstellung mit zeitgenössischen Exponaten anschauen. *Tgl. 24 Std. | Uliza Mochowaja 7 | Tel. 495 9612193 | www.eattalk.ru | Metro 3, 4, 9 Arbatskaja, Aleksandrowski Sad, Biblioteka Imeni Lenina*

JAGANNATH (130 A5) (*M H9*)
Die beste Adresse für Vegetarier in der Stadt. Dem Restaurant ist ein großer Laden mit vegetarischen und asiatischen Lebensmitteln angeschlossen. Zudem gibt es eine Bar mit Ethnodrinks und Säften, die nach mittelalterlichen Rezepten hergestellt werden. Für Sparfüchse: Ein großer Teller an der Salatbar kostet umgerechnet nur 6 Euro. *Tgl. 10–23 Uhr | Uliza Kusnezki Most 11 | Tel. 495 6 28 35 80 | www.jagannath.ru | Metro 7 Kusnezki Most*

LJUDI KAK LJUDI (MENSCH BLEIBT MENSCH) (134 B1) (*M J10*)
Hier ist man Mensch, hier darf man's sein. Vor allem junge Moskauer schätzen das sehr gute und vor allem kostengünstige Frühstück (Ei mit Schinken und Käse für unter 3 Euro) und die kleinen Speisen, die zu den Cocktails gereicht werden. *Mo–Do, So 8–23 Uhr, Fr/Sa 8–6 Uhr | Soljanski Tupik 1/4 | Tel. 495 6 2112 01 | www.ludikakludi.com | Metro 6, 7 Kitaigorod*

Kunterbunt, wie es sich für das Clublokal eines Karikaturisten gehört: Petrowitsch

RESTAURANTS €

Ziemlicher Ku(h)lt: In den Lokalen der Mu-Mu-Kette dreht sich alles um die Schwarzbunte

MARI VANNA (128 C5) (*E9*)
Das Mari Vanna vermittelt ein Stück russischer Heimat zu erschwinglichen Preisen. Der Gastraum ist wie ein gemütliches, sowjetisches Wohnzimmer aus den 1960er-Jahren mit vielen Büchern und einem Kanarienvogel im Käfig eingerichtet. Auf der Speisekarte stehen Pelmeni und Piroggen. *Tgl. 9–24 Uhr | Spiridonewsky Pereulok 10a | Tel. 495 6 50 65 00 | www.marivanna.ru | Metro 2 Twerskaja*

INSIDER TIPP METRO (135 D3) (*L12*)
Eine echte Metro-Rolltreppe führt hinunter in das Lokal, das selbst natürlich auch stilecht in einem Waggon untergebracht ist. Auf der Karte stehen Rentierfilet, Entenbrust und Doraden vom Grill. *Tgl. 12–24 Uhr | Uliza Werchnaja Radischewskaja 2/1 | Tel. 495 9 15 28 18 | www.metrostation.ru | Metro 5, 7 Taganskaja*

MU-MU
Schnell und gut auf der Basis traditioneller russischer Küche zubereitet – das ist Mu-Mu. Inzwischen existieren zig Filialen mit dem typischen Kuhdekor. Selbstbedienungsrestaurant. *Tgl. 8–23 Uhr | Uliza Roschdestwenka 5/7 (130 A5) (*H9*) | Metro 1 Lubjanka. Weitere Filialen: Komsomolski Prospekt 26 (132 B6) (*C16*) | Metro 1 Frunsenskaja; Uliza Arbat 45/24 (132 C2) (*D11*) | Metro 3 Smolenskaja*

IL PATIO
Die wohl bekannteste Pizzeria Moskaus mit gutem Essen zu wirklich moderaten Preisen (bereits zum Frühstück). Salate werden nach Gewicht berechnet. *Tgl. 8–24 Uhr | 1. Twerskaja-Jamskaja Uliza 2 (129 D3) (*E7*) | Tel. 495 2 51 08 84 | Metro 2 Majakowskaja. Weitere Filiale: Uliza Grusinski Wal 28 (128 B–C2) (*D6*) | Sa/So 12–24 Uhr | Tel. 495 2 50 14 40 | Metro 2, 5 Belorusskaja*

RIS I RYBA (133 F3) (*G12*)
Dieses japanische Lokal befindet sich neben dem berühmten Haus an der Moskwa. Suchen Sie sich bei Kremlblick eines von insgesamt 55 Gerichten von

ESSEN & TRINKEN

einem Laufband aus. *Tgl. 24 Std. | Uliza Serafimowitscha 2 | Tel. 495 9 59 49 49 | www.risiriba.ru | Metro 9 Borowitskaja*

SPEZBUFFET NR. 7 (133 F3) *(ɱ G2)*
Im ehemaligen Speisesaal des Hauses an der Moskwa wird im „Sonderbuffet Nr. 7" sowjetische Atmosphäre gepflegt. Dazu passend gibt es Schweinekotelett „Schlagt die Bourgeoisie" und Rindersteak „Weißgardist". *Tgl. 12–24 Uhr | Uliza Serafimowitscha 2 | Tel. 495 9 59 31 35 | www.specbufet.ru | Metro 9 Borowitskaja*

STOLLE (128–129 C–D4) *(ɱ E8)*
Das Interieur der Stolle erinnert an ein Wiener Kaffeehaus, doch ein Blick auf die Karte lässt überhaupt keinen Zweifel daran, dass es russischer kaum geht. Und die Speisekarte hält, was sie verspricht. Die Spezialität dieser Kette sind schmackhafte süße und herzhafte Piroggen. Außerdem werden Borschtsch und Pelmeni serviert. *Tgl. 8–22 Uhr | Uliza Bolschaja Sadowaja 8 | msk.stolle.ru | Metro 2 Majakowskaja;* Filiale *Malaja Pirogowskaja 16 (0) (ɱ B15) | tgl. 9–21 Uhr | Metro 1 Sportivnaja*

TARAS BULBA ★
Jedes Restaurant dieser Kette ist wie eine urig-gemütliche ukrainische Dorfgaststube eingerichtet und das Personal serviert die Speisen dazu passend in traditionellen Trachten. Liebhaber der herzhaft-deftigen Küche erhalten hier neben zahlreichen anderen schmackhaften Gerichten auch viele Varianten von Teigtaschen und Speck. *Tgl. 24 Std. | Uliza Pjatnitskaja 14 (134 A3) (ɱ H12) | Tel. 495 9 53 71 53 | Metro 2 Nowokusnetskaja.* Weitere Filialen: *Smolenski Bulwar 12 (132 B3) (ɱ D12) | Tel. 499 2 46 69 02 | Metro 3 Smolenskaja; Uliza Sadowaja-Samotjotschnaja 13 (129 F3) (ɱ G7) | Tel. 495 6 94 00 56 | Metro 9 Zwetnoi Bulwar*

TSCHORNAJA KOSCHKA
(130 B5) *(ɱ H9)*
Direkt neben dem KGB-Hauptquartier liegt das Restaurant „Schwarze Katze", benannt nach einer Unterweltbande der Stalinzeit aus einem Sowjetkultfilm. Die Kellnerinnen mit Schürzchen und Häubchen sowie nostalgische Musik aus einem alten Grammofon sorgen für Nachkriegsstimmung. Die Speisekarte gestaltet sich entsprechend mit vielen traditionellen Gerichten. Wodka und Selbstgebrannter werden in schweren Kristallgläsern serviert. *Mo–Sa 10–24 Uhr | Malaja Lubjanka 16 | Tel. 495 6 28 77 26 | www.traktirlubyanka.ru | Metro 1 Lubjanka*

LOW BUDGET

▶ Für rund 120 Rubel wird man bei *Wilka-Loschka (Gabel und Löffel)* **(133 D1)** *(ɱ E10) (tgl. 10–23 Uhr | Uliza Arbat 1 | Metro 3, 4 Arbatskaja)* mit guter Kantinenkost satt. Filiale: *Uliza Sretenka 27/29* **(133 D1)** *(ɱ E10) | Metro 6 Sucharewskaja*

▶ Wo viele Moskauer sind, da stehen oft auch die Imbissbüdchen von *Kroschka-Kartoschka*, welche mit besten Ofenkartoffeln mit Kräuterquark aufwarten. Satt ab 70 Rubel ist das Motto. Z. B. *Ploschad Mjasnizkie Worota 1* **(130 B5)** *(ɱ J9) | Metro 1, 6 Tschistyje Prudy, Turgenewskaja*

▶ Für günstige 100 Rubel können Sie schon japanisch essen gehen und sich Sushi schmecken lassen: etwa im *Udonja San* **(128 C2)** *(ɱ D6) | 1. Twerskaja-Jamskaja Uliza 29 | Metro 2, 5 Belorusskaja*

EINKAUFEN

> **WOHIN ZUERST?**
> **Kaufhaus GUM (127 D3–4)**
> *(G–H10):* Los geht's im *GUM* am Roten Platz, einer modernisierten Jugendstil-Shopping-Mall. Tauchen Sie dann in den Trubel des Einkaufstempels Ochotnyj Rjad unterm Manegenplatz ein. Schlendern Sie weiter an den Boutiquen der Twerskaja-Straße entlang. Wollen Sie viel Geld ausgeben, so biegen Sie in Richtung Stoleschny-Gasse und Petrowski-Passage ab. Falls nicht, fahren Sie zu den Ateliers junger Designer im Winsawod und Art-Strelka oder zum Kunsttrödelmarkt von Ismailowo.

Die Moskauer mögen's schick und viele haben auch das nötige Kleingeld dafür. Infolgedessen bieten die glitzernden und schillernden Edelboutiquen entlang der Twerskaja, die Geschäfte im berühmten Kaufhaus GUM oder auch die eleganten Einkaufspassagen in der Innenstadt nur das Teuerste vom Teuersten an. Preise auf Schnäppchenniveau sind hier verpönt.

Gleich in der Nähe deckt sich das nicht-neureiche Moskau ein. In fast jeder Fußgängerunterführung des Zentrums ist ein quirliger Markt zu finden: Die Stände entlang der Wände aufgereiht, bieten Trödler nahezu alles an – von der Haarspange über Zigaretten bis hin zu Raubkopien und kitschige Souvenirs. Außerhalb der City haben sich an den wichtigsten Me-

Bild: GUM

Moskau ist ein guter Ort fürs Luxusshopping. Doch auch mit kleinem Budget lohnt sich eine Einkaufstour in Malls, Läden und auf Märkten

trostationen riesige Einkaufszentren und Megamärkte angesiedelt. Kostengünstiger erhalten Sie die neuesten Elektronikartikel und modischen Klamotten allerdings auf den Trödelmärkten der Vorstädte. Im Getümmel gilt es vor allem, die Orientierung zu behalten.

Bequemer shoppen können Sie im GUM, in der Petrowski-Passage, der Twerskaja oder der Fußgängerzone Arbat, welche die größte Auswahl an Standardsouvenirs hat: Matroschkas, Samoware und T-Shirts mit CCCP-Aufdruck. Originellere Mitbringsel finden Sie am Moskwa-Ufer neben dem Zentralen Haus des Künstlers und auf dem Floh- und Kunstmarkt von Ismailowo. Auf den Märkten können Sie handeln. Bezahlt wird in Rubel, oft aber auch mit Geld- und Kreditkarte.

ANTIQUITÄTEN

Antiquitäten dürfen Sie aus Russland nur mit einer Genehmigung des Kulturministeriums *(Kitaigorodski Proesd 7 | Metro 6, 7 Kitaigorod)* ausführen.

BÜCHER

Jelissejew: Und wenn Sie nur ein Wurstscheibchen erstehen, diese Pracht müssen Sie sehen!

ANTIKWAR NA MJASNIZKOI
(130 B5) (*J9*)
Das Geschäft existiert bereits seit dem 19. Jh. und führt Bücher, Karten, Drucke, Fotografien sowie Postkarten. *Mo–Fr 11–19, Sa 11–18 Uhr | Uliza Mjasnizkaja 13 | www.antiqbook13.ru | Metro 1 Lubjanka, Tschistyje Prudy*

KOLLEKZIA DREWNOSTEJ (KOLLEKTION AUS ALTER ZEIT) (133 D2) (*E11*)
Hier finden Sie Ikonen, Porzellan, Skulpturen und diverse Schmuckstücke. *Mo–Sa 11–20 Uhr, So 11–19 Uhr | Uliza Arbat 36/2 | Metro 3, 4 Arbatskaja*

BÜCHER

DOM KNIGI (133 D1) (*E10*)
In der größten Moskauer Buchhandlung werden Bücher (auch deutsche und englische) sowie CDs auf drei Etagen geboten. *Mo–Fr 9–23, Sa–So 10–23 Uhr | Uliza Ladoshskaja 8 | www.dom-knigi.ru | Metro 3, 4 Arbatskaja*

FALANSTER (129 E5) (*F9*)
Bücherberge auch für Promis unter Moskaus Bücherwürmern. *Tgl. 11–20 Uhr | Maly Gnesdnikowski Pereulok 12/27 | www.falanster.su | Metro 2 Twerskaja*

MOSKWA (126 A4) (*F10*)
Nur einen Steinwurf vom Kreml entfernt liegt der Buchladen Moskwa. Neben einem riesigen Angebot an Büchern (auch deutschen und englischen) sowie CDs kann man dort kostenlos Kinofilme sehen. **INSIDER TIPP** Nach Mitternacht gibt es 15 Prozent Rabatt auf Bücher. *Tgl. 24 Std. | Uliza Vozdvischenka 4/7 | www.moscowbooks.ru | Metro 3 Bibliotheka Imeni Lenina*

CDS & NOTEN

NOTY (129 D5) (*E9*)
Noten, Musikliteratur, CDs und Instrumente. *Mo–Sa 10–20, So 10–19 Uhr | Twerskoj Bulwar 9 | www.noty-book.ru | Metro 2 Twerskaja*

EINKAUFEN

TRANSILWANIJA (129 F6) (*H G9*)
Musikshop direkt hinter dem Restaurant *Crab House*. Ob DDR-Schlager der 1970er-Jahre, deutscher Rock oder japanischer Pop, hier findet jeder etwas. *Tgl. 11–21 Uhr | Twerskaja Uliza 6/1–5 | www.transylvania.ru | Metro 2 Ochotnyj Rjad*

WSESOJUSNYJ (134 B4) (*H H13*)
Der größte CD-Shop der Stadt führt an die 40 000 CDs. Neben Musik können auch Filme und Konzertkarten gekauft werden. Dem Geschäft ist ein kleines Café angeschlossen. *Tgl. 10–22 Uhr | Uliza Pjatnizkaja 29 | www.soyuz.ru | Metro 2, 6, 8 Nowokusnezkaja, Tretjakowskaja*

DELIKATESSEN & WEINE

INSIDER TIPP ▶ BOLSCHEWIK
(128 B1) (*H C5*)
Nicht revolutionär, aber bunt und schnörkelig sind die Torten der Süßwarenfabrik *Bolschewik*. *Mo–Sa 9–20, So 9–18 Uhr | Leningradski Prospekt 15 | www.torty.ru | Metro 2 Belorusskaja*

DOM MJODA (HAUS DES HONIGS)
(134 B4) (*H H13*)
Honig in allen Geschmacksrichtungen und Farben bietet das Haus des Honigs. Entlang einer 20 m langen Theke können Sie sich durch das gesamte Sortiment probieren. *Mo–Sa 9–20, So 10–18 Uhr | Uliza Novokuzneckaja 5/10 | www.rumela.ru/house-of-honey | Metro 6 Tretjakowskaja*

GRAND CRU (129 D5) (*H E8*)
Eingerichtet wie eine Bibliothek, doch statt Büchern stehen Flaschen im Regal. Die erlesensten Tropfen werden allerdings temperiert gelagert. Das Geschäft führt 800 Markenweine, die Sie in einer Bar probieren können. *Tgl. 10–23 Uhr | Uliza Malaja Bronnaja 22 | www.grandcru.ru | Metro 2 Majakowskaja*

JELISSEJEW ★ (129 E5) (*H F8*)
Der einstige Hoflieferant des Zaren und der Generalsekretäre ist das schönste Lebensmittelgeschäft im Land. In prächtigem Jugendstilinterieur bekommen

MARCO POLO HIGHLIGHTS

★ **Jelissejew**
Hier können Sie die erlesensten Delikatessen in schönstem Jugendstilinterieur genießen → S. 77

★ **Ismailowski Vernisage**
Gigantischer Kunst-, Floh-, Trödel- und Teppichmarkt mit toller Atmosphäre. Hier bekommen Sie alle nur erdenklichen Souvenirs → S. 78

★ **Russkoje Podworje**
Im Kreml von Ismailowo finden Sie viele schöne bunte und vor allem sehr originelle Geschäfte: die ganze Palette echt russischen Kunsthandwerks → S. 79

★ **GUM**
Quasi *das* Kaufhaus in Moskau unter einer riesigen Glasdachkonstruktion und direkt am Kreml gelegen; hier können Sie alle gängigen Nobelmarken kaufen → S. 79

★ **Rischski Rynok**
Neben kaukasischem Käse und zahlreichen Gewürzen erhalten Sie auf dem Rigaer Markt auch Honig und Blumen → S. 81

★ **Valentin Judaschkin**
Schauen Sie sich die elegante Kreationen vom Modezar der Perestroika an → S. 82

FLOHMARKT

Sie Delikatessen, Souvenirs, Weine. *Tgl. 24 Std. | Twerskaja Uliza 14 | www.eliseevskiy.ru | Metro 2, 7, 9 Twerskaja, Puschkinskaja, Tschechowskaja*

INSIDER TIPP KRASNY OKTJABR (ROTER OKTOBER) (128 C6) (*D10*)
Die älteste Schokoladenfabrik und Konditorei Moskaus betreibt ihr Geschäft gegenüber der Residenz des deutschen Botschafters in einem Viertel mit alten Adelspalästen. Angeboten wird das wohl gefährlichste Sortiment an Diätkillern innerhalb der ganzen Stadt. *Mo–Sa 10–21, So 10–18 Uhr | Uliza Powarskaja 29/36 | www.konfetki.ru | Metro 3, 4, 7 Arbatskaja, Barrikadnaja*

FLOHMARKT

ISMAILOWSKI VERNISAGE ★
(U F2) (*0*)
Schreckt Sie eine halbe Stunde Metrofahrt nicht ab, ist der Ismailowski-Floh- und Kunstmarkt ein lohnendes Ziel. Von der Metrostation aus nicht in Richtung Park, sondern am Hotelkomplex Ismailowski vorbeigehen. Dort gibt es alle nur erdenklichen Souvenirs: Gemälde, Ikonen, Schmuck, Samoware, Kunsthandwerk oder Matroschka-Rohlinge zum Selbstbemalen. Bei Ausländern werden die Preise oft verdoppelt. Versuchen Sie also zu handeln! Es empfiehlt sich, den Flohmarkt am Wochenende zu besuchen, weil unter der Woche nicht alle Stände geöffnet sind. Probieren Sie auch die leckeren Schaschliks. *Tgl. 9–18 Uhr | Ismailowskoje Schosse 73 | www.moscow-vernisage.com | Metro 3 Partisanskaja*

LOW BUDGET

▶ Ist der Koffer weg, sind Sie bei *Terranova* **(126 C3)** (*G10*) (*Maneschnaja Ploschad 1 | Einkaufszentrum Ochotnyj Rjad | Metro 1, 2, 3 Ochotnyj Rjad, Teatralnaja, Ploschad Revoluzii*) goldrichtig: T-Shirts, Kleider, Pullover und vieles mehr gibt's ab 175 Rubel – direkt am Kreml gelegen.

▶ Endlos viele günstige DVDs und CDs, dazu Computer-Software, Player und Handys im ehemaligen Schwarzmarkt, jetzt in drei umgebauten Fabrikhallen untergebracht und *Gorbuschka* **(U A3)** (*0*) (*Uliza Barklaja 8 | Metro 4 Bagrationowskaja*) genannt.

▶ Bei *Froggy* **(129 E5)** (*F8*) (*Uliza Pererwa 43 | Einkaufszentrum Twerskoi Passasch | Metro 2, 7 Twerskaja, Puschkinskaja*) gibt es modische junge und betont weibliche Kleidung schon ab 350 Rubel – und das direkt im Zentrum Moskaus.

GESCHENKE & SOUVENIRS

INSIDER TIPP BOLSCHE CHOROSCHIX WESCHTSCHEJ (LAUTER GUTE SACHEN) (129 D5) (*E8*)
Das etwas andere Souvenirgeschäft: Der Laden bietet neben nostalgischen T-Shirts, Tassen und Umschlägen für Reisepässe aus der Sowjetzeit auch witzige Geschenkideen wie russische Pantoffeln oder schräg gestaltete Lampen. *Mo–Fr 11–21, Sa/So 12–21 Uhr | Malaja Bronnaja 28 | Metro 2 Twerskaja*

INSIDER TIPP FLACON-DESIGNFABRIK
(U C1) (*0*)
Nicht nur für Kunstwerke, sondern auch für hippe Produkte ist die Flacon-Designfabrik genau der richtige Ort. In der

EINKAUFEN

ehemaligen Kristallfabrik „Kalinin" haben sich eine Reihe kleiner, bunter Boutiquen angesiedelt. Ein Blumenladen, ein Café und ein Skateshop säumen die Außenseite des Fabrikgeländes. Das Areal bietet Raum für Design, Mode, Architektur und andere Bereiche der kreativen Wirtschaft. Außerdem finden Filmabende, Thementage und Partys statt. *Uliza Bolschaja Novodmitrovskaja 36/4 | www.flacon.ru | Metro 9 Dmitrovskaja*

das größte und wohl auch schönste russische Kaufhaus. Die drei hellen Passagen erstrecken sich über 250 m^2 Fläche und sind jeweils drei Stockwerke hoch. Das GUM verfügt zudem über eine imposante Glasdach-Konstruktion. Neben den teuren Filialen der Designlabels Dior, Calvin Klein, Max Mara und Co. gibt es auch viele günstige Cafés und einen Schnellimbiss in luftiger Höhe. *Tgl. 10–22 Uhr | Krasnaja Ploschad 3 | www.gum.ru | Me-*

Im Ochotnyj Rjad können Sie auf drei Etagen im Untergrund nach Herzenslust shoppen

RUSSKOJE PODWORJE ★
(U F2) (🕮 0)

Im Kreml von Ismailowo gibt es einige Geschäfte, die russisches Kunsthandwerk anbieten: Lackschatullen, Holzspielzeug, Porzellan, Keramik oder Kristallware. *Ismailowski Kreml | Ismailowskoje Schosse 73 | Metro 3 Partisanskaja*

KAUFHÄUSER & PASSAGEN

GUM ★ (127 D3–4) (🕮 G–H10)
1893 erbaut und direkt gegenüber dem Kreml gelegen, ist das GUM noch immer

tro 1, 2, 3 Ochotnyj Rjad, Teatralnaja, Ploschad Revoluzii

OCHOTNYJ RJAD ● (126 C3) (🕮 G10)

Unter dem Manegenplatz reicht dieses Einkaufszentrum mit 62 000 m^2 Fläche ganze drei Etagen weit in die Tiefe. Hier finden Sie Edelgeschäfte aller Art, aber auch preiswerte Läden sowie Cafés mit schönem Ausblick im oberen und Bistros bzw. Schnellimbisse im untersten Geschoss. *Maneschnaja Ploschad | Metro 1, 2, 3 Ochotnyj Rjad, Teatralnaja, Ploschad Revoluzii*

KUNST

PETROWSKI-PASSAGE
(129 F5) (*G9*)
Hinter dem Bolschoi-Theater gelegen, lässt diese prachtvolle Passage förmlich die alte Zarenzeit wiederaufleben. In einem der teuersten Einkaufsareale Moskaus finden Sie vor allem bekannte Edelmarken wie Jean Paul Gaultier, Max Mara, Alberta Ferretti, Moschino, Bosco Scarpa, Barbara Bui, John Galliano und Marc Jacobs. *Uliza Petrowka 10 | Metro 1, 2 Ochotnyj Rjad, Teatralnaja*

TRETJAKOWSKIJ PROESD
(127 E2) (*H9*)
An der kürzesten und teuersten Straße Moskaus, einem einstigen Kaufmannshof, residieren nur Nobelboutiquen, die für jeden Anlass etwas Entsprechendes bereithalten. Zum luxuriösen Abendkleid kann hier gleich der passende Maserati gekauft werden. Und nach einer anstrengenden Shoppingtour entspannen Sie am besten im ● *Tretjakow Spa (tgl. 11–22 Uhr | Tel. 495 9 33 33 88 | www.tretyakovspa.ru)* bei Gesichts- und Haarpflege, Pediküre oder einer Antistress-Massage in gediegenem Ambiente. *Tretjakowskij Proesd | Metro 1, 2, 7 Lubjanka, Teatralnaja, Kusnezki Most*

ZWETNOI
(130 A3) (*H7*)
Das Zwetnoi (Farben) leuchtet nicht nur nachts in allen möglichen Schattierungen. Das von außen unscheinbare Kaufhaus im Norden der Stadt birgt eine wahre Schatzkiste an schönen, teuren, schicken Accessoires und wunderschönen Geschenkideen. In der siebten Etage befindet sich die gemütliche Bar *Maxim*, im Lebensmittelmarkt ein Stockwerk tiefer finden Sie alle möglichen Delikatessen und leckere Mandelcroissants. *Mo–Sa 10–22, So 11–22 Uhr | Zwetnoi Bulwar 15 | www.tsvetnoy.com | Metro 9 Zwetnoi Bulwar*

KUNST

Haben Sie ein Kunstwerk gekauft, erfragen und besorgen Sie sich vom Verkäufer gleich eine gültige Ausfuhrerlaubnis des Kulturministeriums!

GALERIE GELMAN (135 E1) (*M10*)
Eine der renommiertesten Galerien Moskaus: Marat Gelman verkauft Gemälde und Grafiken hochkarätiger junger Künstler. *Di–So 12–20 Uhr | Eintritt frei | 4. Syromjatnitscheskij Pereulok 1/6 | www.guelman.ru | Metro 10 Tschkalowskaja*

GALERIE JELENA WRUBLEWSKAJA
(130 B4) (*H8*)
Hier treffen Sie auf Tibet, Sibirien und den Fernen Osten in Form von Kunst, Performances oder Installationen. *Di–Sa 12–20 Uhr | Roschdestwenski Bulwar 19 | www.vgallery.ru | Metro 10 Trubnaja*

GALERIE M'ARS (130 A4) (*H7*)
Verkaufsausstellung auf 1000 m² Fläche: Hier wird russische und internationale moderne Kunst gezeigt, aber auch Werke der 1970er- und 1980er-Jahre haben ihren Platz: zahlreiche Gemälde, Skulpturen und Multimediainstallationen. *Di–So 12–20 Uhr | Puschkarev Pereulok 5 | www.marsgallery.ru | Metro 6 Sucharewskaja*

ROSSIISKAJA AKADEMIA CHUDOSCHESTW (RUSSISCHE AKADEMIE DER KÜNSTE) (133 C4) (*D13*)
Verkaufsausstellung mit zeitgenössischer Kunst. *Di–So 11–20 Uhr | Uliza Pretschistenka 21 | Metro 1 Kropotkinskaja*

MÄRKTE

Sie sind überwältigend in ihrer bunten Vielfalt, die Moskauer Lebensmittelmärkte mit ihrem interessanten multikulturellen Völkergemisch aus allen Regionen

EINKAUFEN

Russlands. Hier gibt es einfach alles, was das Herz begehrt: ob Obst und Gemüse, Gewürze aus Mittelasien, Wolgastöre und Kaviar, frische Flusskrebse, Pilze, Honigwaben oder eingelegten Bärlauch.

DANILOWSKIJ RYNOK (DANILOW MARKT) (U C4) (*G18*)
Das Marktgebäude aus Glas und Beton wirkt wie ein riesiges Ufo aus der Sowjetzeit und befindet sich schräg gegenüber dem Danilow-Kloster. *Uliza Mytnaja 74 | Metro 9 Tulskaja*

PREOBRASCHENSKI RYNOK (PREOBRASCHENSKI MARKT) (U E2) (*O*)
Einer der wenigen Handelsplätze, die noch ein bisschen so aussehen wie die Kolchosmärkte der ehemaligen UdSSR. Einige der vielen kleinen Stände liegen unter freiem Himmel. Hier verkaufen auch Pilzesammler und Gemüsegärtnerinnen ihre Ware. Im Frühling werden reichlich Blumen und Setzlinge angeboten. **INSIDER TIPP** Schnell noch mal hinfahren, solange es die Stände im Freien noch gibt. Ein Gesetz von 2013 verbietet künftig Märkte unter freiem Himmel. Für die Lebensmittelmärkte tritt das Gesetz erst in den kommenden Jahren in Kraft. *Mo–Sa 8–20, So 8–19 Uhr | Preobraschenski Wal 17 | Metro 1 Preobraschenskaja Ploschad*

RISCHSKI RYNOK (RIGAER MARKT) ★ (U D1) (*J3*)
Der größte und reichhaltigste der Moskauer Lebensmittelmärkte findet im Norden der Metropole statt. In der riesigen Markthalle gibt es Fisch, Fleisch und Wurstwaren satt; bemerkenswert sind vor allem auch die Gewürzstände, der Imkerhonig und die verschiedenen Käsesorten aus dem Kaukasus. Zudem ist dies der größte Blumenmarkt der Stadt. Der Veranstaltungsort liegt etwas versteckt hinter einem Einkaufszentrum. *Prospekt Mira 88 | Metro 6 Rischskaja*

MODE

DASHA GAUSER (U B3) (*O*)
Der Stil der jungen Moskauer Designerin ist betont weiblich und wirkt äußerst

Vielfalt: Auf Moskaus Märkten kommen nicht nur die Waren aus allen Regionen Russlands

PORZELLAN & GLAS

Entwürfe von Valentin Judaschkin

sinnlich. *Tgl. 10–21 Uhr | Krasnopresnenskaja Nabereschnaja 16/1 | in der Fußgängerbrücke | www.dashagauser.com | Metro 4 Wystawotschnaja*

GLANCE
Das halbe Dutzend kleiner Boutiquen der Designerkette bietet keine Haute Couture, aber preisgünstige individuelle Mode von hoher Qualität. Von jungen russischen Modedesignern entworfen und in kleinen Serien geschneidert. *Uliza Pjatnitskaja 8* **(134 A3)** *(H12) | Metro 2 Nowokusnezkaja | www.glance.ru.* Weitere Filiale: *Uliza Soljanka 1* **(134 C1)** *(J10) | Metro 6, 7 Kitaigorod*

MASCHA TSIGAL (134 C2) (K11)
Eine der bekanntesten jungen Modedesignerinnen Moskaus hat Avantgardeanspruch. Mascha Tsigal arbeitet mit Samt, Seide und Trikotagestoffen, mit Stickereien und Applikationen. Mal heißt ihre Kollektion *sportlich-gotisch*, mal *Milky Way*. *Tgl. 11–19 Uhr | Uliza Jausskaja 1/15–3 | www.mashatsigal.com | Metro 5, 7, 8 Taganskaja, Marksistskaja*

TOM KLAIM (131 E2) (L6)
Eigentlich heißt er Anatoli Klimin und war nach Slawa Saizew und Valentin Judaschkin einer der ersten Moskauer Modedesigner, der den Sprung auf den Weltmarkt schaffte. Seine Stücke wirken jung und sind erschwinglich geblieben. *Tgl. 10–21.30 Uhr | Komsomolskaja Ploschad 6 | im Univermag „Moskowski" 1 | www.tomklaim.com | Metro 5 Komsomolskaja*

VALENTIN JUDASCHKIN ★
(U B3) (A11)
Unter dem erfolgreichen Label *Judaschkin* werden mittlerweile auch Schmuck und Parfüm verkauft. Judaschkin ist seit Jahren mit seinen exzentrischen Kreationen auf internationalen Modeshows vertreten. *Kutusowski Prospekt 19 | www.yudashkin.com | Metro 3, 4, 5 Kiewskaja*

PORZELLAN & GLAS

IMPERATORSKIJ FARFOR
(U B3) (B11)
Die einstige kaiserliche Porzellanmanufaktur St. Petersburg verkauft in ihrem Laden nicht nur teures Porzellangeschirr, sondern auch Geschenktassen und Figürchen. *Tgl. 10–22 Uhr | Kutusowski Prospekt 9 | Metro 3, 4, 5 Kiewskaja*

SCHISN STEKLA (GLASLEBEN) (129 F4) (G8)
Die einzige Galerie Russlands, die ganz den Werken der Glasbläserkunst gewidmet ist. Nur nach Vereinbarung. *Mo–Fr 12–19 Uhr | Uliza Petrowka 26 | Tel. 495 9 23 07 76 | www.russianartglass.com | Metro 9 Tschechowskaja*

EINKAUFEN

SCHMUCK

ADAMAS
Der Laden der gleichnamigen Schmuckfabrik hat eine große Auswahl an Gold- und Silberschmuck. Die einzelnen Stücke kosten 1000 Rubel aufwärts. *Mo–Sa 10–21 Uhr So 10–20 Uhr | 1. Twerskaja-Jamskaja Uliza 2* (129 D3) (*E7*) *| Metro 2 Majakowskaja | www.adamas.ru*. Weitere Filiale: *Uliza Maroseika 7/8* (130 B6) (*J9*) *| Metro 6, 7 Kitaigorod*

ALTYN
Günstig kaufen Sie in diesen Schmuck-Supermärkten. Gold aus Kirgisien, Silber und Halbedelsteine aus Kasachstan und Russland. *Uliza Kusnezki Most 3/2* (130 A5) (*H9*) *| Metro 7 Kusnezki Most | www.altyngold.ru*. Weitere Filialen: *Uliza Bolschaja Sadowaja 10* (129 D4) (*E8*) *| Metro 2 Majakowskaja; Uliza Arbat 23* (133 D2) (*E11*) *| Metro 3, 4 Arbatskaja*

SCHUHE & ACCESSOIRES

TJ COLLECTION (129 E5) (*F8*)
Die Boutique ist wegen ihrer Damen- und Herrenschuhkollektion beliebt, die elegant, originell und bequem ist. *Twerskaja Uliza 12 | Metro 2, 7, 9 Twerskaja, Puschkinskaja, Tschechowskaja*

RENDEZ-VOUS (129 E5) (*F9*)
Teure, edle Schuhboutique, in der europäische Damen- und Herrenschuhe bekannter Marken verkauft werden. Zudem können Sie hier vielerlei passende Accessoires erwerben. *Tgl. 10–24 Uhr | Twerskaja Uliza 15 | Metro 2, 7, 9 Twerskaja, Puschkinskaja, Tschechowskaja*

BÜCHER & FILME

▶ **Wächter der Nacht** – Der gespenstische Kampf zwischen Vampiren und den Kräften des Lichts vor der Großstadtkulisse zertrümmerter menschlicher Beziehungen war 2006 ein Blockbuster. Regie führte Timur Bakmambetow

▶ **Das heilige Buch der Werwölfe** – Die Moskauer in Viktor Pelewins Roman können sich jederzeit in Ungeheuer verwandeln. Ein Zerrspiegel der Moskauer Gegenwart

▶ **Krieg und Frieden** – Der Roman Leo Tolstois und auch dessen vierteilige Verfilmung von 2007 für das ZDF (Regie: Robert Dornhelm) stellen das aristokratische Moskau in der Zeit Napoleons sehr treffend dar

▶ **Der Tote im Salonwagen** – Boris Akunins Detektiv Fandorin geht im Moskau um 1900 auf Mörderjagd und gerät bei der Suche nach den Hintermännern eines Attentats zwischen die Fronten von revolutionärem Terror und gewissenlosen Bürokraten

▶ **12** – Zwölf Geschworene, eingesperrt in eine Turnhalle, sollen ein einstimmiges Urteil über einen des Mordes beschuldigten jungen Tschetschenen fällen. Doch als sie anfangen zu reden, kommt alles ganz anders. Regisseur Nikita Michalkow hat die besten russischen Schauspieler für die Neuverfilmung des Sidney-Lumet-Klassikers von 1957 versammelt. Dafür gab es 2008 eine Oscar-Nominierung

Bild: Bolschoi-Theater

AM ABEND

> **WOHIN ZUERST?**
> **Bolschoi-Theater (129 F5)**
> *(G9):* Nach einem Ballettabend im Bolschoi-Theater können Sie in den umliegenden Cafés und Clubs bei einem Cocktail richtig in Stimmung kommen, bevor Sie sich ins Nachtleben stürzen. In der Masterskaja gibt's Drinks, Snacks, Theater, Lesungen und Musik. Wenn Sie lieber tanzen wollen, besuchen Sie die Szene-Diskos Propaganda oder Soljanka. In der Rolling Stone Bar finden Sie schöne Frauen auf High Heels, reiche Männer, Alkohol in Strömen und Partys mit Panoramablick.

Vor 25 Jahren gab es in ganz Moskau für 9 Mio. Menschen 120 Theater und 190 Restaurants, aber nicht eine einzige Disko außer den Tanzflächen in verstaubten Inturist-Hotels. Heute hat Russlands Hauptstadt auch in puncto Nachtleben eine Spitzenposition in Europa inne. Die Moskauer leben ihren Nachholbedarf aus – und nehmen ihre Gäste mit.

Inzwischen ist allein das pulsierende Nachtleben für manche Touristen der Hauptgrund, Moskau zu besuchen. Es gibt ständig neue Clubs und Diskotheken zu entdecken. Doch die russische Metropole ist mit ihren vielen Konzerthäusern, Opern, Ballettbühnen und Theatern natürlich auch ein Gral der klassischen Hochkultur geblieben. So können Sie den Abend klassisch mit einer Bal-

Musik- und Ballettfans kommen hier kaum zur Ruhe. Nachtschwärmer schon gar nicht – Moskaus Clubszene sucht ihresgleichen

lettvorführung des Bolschoi-Ensembles oder einem Tschaikowski-Konzert beginnen und dann im durchgestylten Designrestaurant speisen oder auf ein Bier und Livemusik in einen Jazzclub gehen – wenn Sie noch Platz finden. Sie haben aber auch die Möglichkeit, in einem der vielen Cafés einzukehren, bis der Diskobetrieb richtig auf Touren kommt. Und nach dem Tanzen findet sich dann ganz sicher noch eine Kellerkneipe, in der der angeschlossene Buchladen noch bis zum Morgengrauen geöffnet hat.

BALLETT & OPER

BOLSCHOI-THEATER ★ ●
(126 127 C–D1) (*G9*)

Das „Bolschoi" ist weltweit Inbegriff russischer Kultur. Hier kommen sowohl klassisches Ballett und Oper als auch bisweilen sehr umstrittene Experimental-Inszenierungen auf die Bühne. Die eindrucksvollsten Ballettaufführungen sind der „Nussknacker" und „Schwanensee" oder „Spartak" und „Romeo und Julia". Beliebt ist auch Sergej Prokofjews Oper

BALLETT & OPER

„Liebe zu den drei Orangen" in einer Inszenierung von Peter Ustinow. Bolschoi heißt groß. Noch größer als das beeindruckende Gebäude ist der weltweite Ruhm seines Ensembles. 1825 konnte erstmals Zar Alexander I. in der Zarenloge Platz nehmen. Das neo-klassizistische Gebäude der Architekten Bowe und Michailow mit seinen acht gigantischen Säulen und der Quadriga des Apolls entsprach dem imperialen Schwung des russischen Reichs. In Europa war nur die Mailänder Scala größer.

Das Bolschoi brannte schon 1853 ganz nieder, wurde aber schnell in alter Pracht wiederhergestellt. Seinen Ruhm begründeten in den Jahrzehnten danach Komponisten wie Pjotr Tschaikowski und Nikolai Rimski-Korsakow sowie Sänger wie Fjodor Schaljapin. Auch in der Sowjetzeit blieb das Bolschoi mit Primaballerina Maja Plissezkaja u. a. ein Wahrzeichen Russlands. In der Zarenloge saß nun der Ballettliebhaber Breschnew. 2005 war schließlich eine gründliche Renovierung unausweichlich nötig, erst 2011 wurde das Bolschoi im neuen alten Glanz wiedereröffnet. Die als zeitweiser Ersatz gebaute „Neue Bühne" in direkter Nähe bleibt aber erhalten. Das Haupthaus ist mit modernster Bühnentechnik ausgestattet. Es gibt im Großen Saal, der jetzt 1740 bequeme Sessel hat, Platz für ein Orchester mit 130 Musikern. Das Interieur ist wie im Jahre 1895 gestaltet. In einem neuen, kleineren Saal im Untergeschoss finden Proben oder Konzerte statt. *Kartenverkauf tgl. 11–15 und 16–20 Uhr | Karten ab 100 Rubel | Teatralnaja Ploschad 1 | Tel. 495 4 55 55 55 | www.bolshoi.ru | Metro 2 Teatralnaja*

NOWAJA OPERA (NEUE OPER)
(129 E3) (*F7*)

Moskaus jüngstes Opernhaus – im Neo-Jugendstil gebaut und mit einem der besten Ensembles gesegnet. In der Neuen Oper tritt auch das von Maja Plissezkaja gegründete **INSIDER TIPP** *Russische Reichsballett (Imperski Russki Ballett)* auf. Das Repertoire umfasst Klassik und Moderne. Es wird sowohl „Eugen Onegin" als auch der „Nussknacker" gespielt. *Kartenverkauf tgl. 12–15 und 15.30–19.30 Uhr | Karten ab 150 Rubel | Uliza Karetnyj Rjad 3 | Ermitage-Garten | Tel. 495*

Manche sagen, besser als das Bolschoi: das Stanislawski-Musiktheater

AM ABEND

6 94 08 68 | www.novayaopera.ru | Metro 2, 9 Majakowskaja, Tschechowskaja

STANISLAWSKI-MUSIKTHEATER ★
(129 E4–5) (*F–G8*)

Die direkte Konkurrenz des Bolschoi-Theaters bietet sowohl klassisches als auch modernes Ballett, Opern und Operetten. Laut Kennern soll es in manchen Bereichen sogar besser sein. Nach einem verheerenden Brand konnte 2006 ein neues Haus mit zwei Bühnen bezogen werden. *Kartenverkauf tgl. 11.30–19 Uhr | Uliza Bolschaja Dmitrowka 17 | Tel. 495 6 50 23 93 | www.stanislavskymusic.ru | Metro 2, 7, 9 Twerskaja, Puschkinskaja, Tschechowskaja*

BARS & MUSIKCLUBS

B. B. KING (129 F3) (*G7*)

In diesem Jazzclub saßen schon Größen wie B. B. King himself, Rod Stewart und Lemmy Kilmister und ließen die Stimmung auf sich wirken. *Tgl. 12–2 Uhr | Eintritt 600 Rubel | Uliza Sadowaja-Samotjotschnaja 4/2 | www.bbkingclub.ru | Metro 9 Zwetnoi Bulwar*

INSIDER TIPP KITAISKI LJOTSCHIK DSCHAO-DA (DER CHINESISCHE FLIEGER DSCHAO-DA) (134 B1) (*J10*)

Eine auf afrochinesisch gestylte Kneipe mit Livemusik. Ein Flugzeugflügel dient als Bar. Täglich um 18 Uhr gibt es hier eine Teezeremonie – danach beginnt der feuchtfröhliche Teil des Abends. *24 Std. | Lubjanski Prospekt 25 | www.jao-da.ru | Metro 6, 7 Kitaigorod*

KLUB MAJAK (129 D6) (*E9*)

Früher war Majak („Leuchtfeuer") ein geschlossener Club von Filmschaffenden, Journalisten, Stars und Sternchen. Nun ist er für alle geöffnet, wird aber auch noch von der alten Szene besucht. Gute Küche, Livemusik. *Tgl. 12–6 Uhr | Uliza Bolschaja Nikitskaja 19 | www.clubmayak.ru | Metro 3, 4 Arbatskaja*

ROLLING STONE (133 E4) (*F13*)

Wer die strenge Einlasskontrolle der Bar Rolling Stone überwindet, kann unter 56 Sorten Whisky wählen oder einen Cocktail aus einem 1,5 l fassenden Glas trinken. Von der ☼ Dachterrasse haben Sie einen grandiosen Blick auf die Moskwa. Angesagte DJs halten die Gäste bis zum Sonnenaufgang bei Laune. *Tgl. ab 12 Uhr | Bolotnaya Naberezhnaja 3 | Tel. 495 5 04 09 32 | Metro 1 Kropotkinskaja*

SOJUS KOMPOSITOROW
(129 E5) (*F9*)

Bester Jazzclub der Stadt, meint zumindest das bunt gemischte Publikum aus Politik, Kultur und Wirtschaft. Livekon-

---

MARCO POLO HIGHLIGHTS

★ **Bolschoi-Theater**
Ballette und Opern in bewährter Klasse und im schönen Ambiente des neues Hauses → S. 85

★ **Stanislawski-Musiktheater**
Durchaus eine Konkurrenz für das Bolschoi → S. 87

★ **B2**
Groß, größer, B2: In der gigantischen Diskothek tummeln sich am Wochenende Tausende auf fünf Stockwerken → S. 88

★ **Propaganda**
Szeniger Club zum Tanzen und auch Essen → S. 89

★ **Moskauer Konservatorium**
Viele Symphoniekonzerte in toller Akustik → S. 91

DISKOS & DANCECLUBS

zerte werden oft aufgezeichnet. Im „Haus der Komponisten" gibt es auch eine tolle Küche und super Stimmung. Jazzbands und Vokalisten aus den USA und Russland geben sich die Klinke in die Hand. *Tgl. Konzerte um 20.30, samstags auch um 17 Uhr | Eintritt ab 400 Rubel | Brjussow Pereulok 8/10, Gebäude 2 | Tel. 495 6296563 | www.ucclub.ru | Metro 1 Ochotnyj Rjad*

SOLJANKA **(134 C1)** *(*📖 *J10)*
Das Clublokal liegt in der gleichnamigen Straße, deren Name wiederum von der russischen Suppe abgeleitet ist, in die alles reinkommt, was der Koch gerade so parat hat. Und ebenso verhält es sich beim Restaurant tagsüber und mit dem Club nachts: Von New Wave bis Elektro wird alles gespielt, was nicht zu kommerziell ist. Treffpunkt der jungen, feierlustigen Szene Moskaus. *Do–Sa ab 0 Uhr | Eintritt 500 Rubel | Uliza Soljanka 11/16 | www.s-11.ru | Metro 3, 7 Kitaigorod*

DISKOS & DANCECLUBS

ARMA 17 **(131 E5)** *(*📖 *M9)*
Der Technoclub im Gebäude der alten Konservenfabrik hinter dem Kursker Bahnhof ist auf elektronische Musik spezialisiert. Die Party steigt hier zwar nur einmal wöchentlich, aber dann richtig. Das Arma 17 hat eine der besten Soundanlagen der ganzen Szene Russlands. *Sa ab 23 Uhr | Nischnij Susalny 5/3a | www.arma17.ru | Metro 3, 5 Kurskaja*

B2 ★ **(128 C4)** *(*📖 *E8)*
Einer der größten Danceclubs Europas mit Sommerterrasse. Auf jeder der fünf Etagen gibt es jeweils Bar, Restaurant, Sushi-Bar, Billardraum, Tanzfläche und eine Chillout-Zone. Bis zu 3000 Gäste tummeln sich hier am Wochenende. *Tgl. ab 12 Uhr | Bolschaja Sadowaja Uliza 8/1 | www.b2club.ru | Metro 2 Majakowskaja*

GIPSY ✿ **(133 E4)** *(*📖 *F13)*
Es ist wohl nicht übertrieben zu sagen, dass es in ganz Moskau nichts Vergleichbares gibt. Das Gipsy besticht durch eine atemberaubende Dachterrasse, auf der Nachtschwärmer unter Palmen und am Pool in den nächsten Morgen tanzen können. Die Preise sind gesalzen. Dafür entschädigen jedoch die Atmosphäre und die im Latinostil gehaltenen Sitzecken. *Bolotnaya Naberezhnaja 3/4 | Metro 1 Kropotkinskaja*

LOW BUDGET

▶ Am günstigsten sind Opern- und Theaterkarten im Vorverkauf. Der Schwarzmarkt vor dem Bolschoi-Theater ist teuer. Ganz frei aber ist der Eintritt bei den tollen Konzerten von Musikhochschulstudenten im Saal der ● *Gnesin-Musikakademie* **(128 C6)** *(*📖 *D10)* *(Uliza Powarskaja 38 | www.gnesin.ru | Metro 3, 4, 7 Arbatskaja, Barrikadnaja).*

▶ Zahlreiche Clubs und Bars locken die Gäste mit Happy-Hour-Angeboten. Kostenlos ist der Eintritt zum Kellerclub *Duma* **(133 E1)** *(*📖 *G10)* *(tgl. 12–6 Uhr | Uliza Mochowaja 11, 3w, im Hinterhof | Metro 1 Ochotnyj Rjad)* mit Rock, Pop und Disko, WLAN und Hauskino.

▶ Gegen Mitternacht wird die beliebte Disko *Pariser Leben* **(129 E3)** *(*📖 *F7)* *(Karetny Rjad | Metro 9 Tschechowskaja)* im Ermitage-Garten richtig voll. Gehen Sie an einem Sonntag hin, dann ist der Eintritt nämlich frei.

AM ABEND

INSIDER TIPP KRISIS SCHANRA
(130 C6) (*K9*)

Das Krizis Schanra verwandelt sich am Wochenende zu einer einzigen Tanzfläche. Freitags und samstags spielen regelmäßig zwei Livebands, bevor DJs mit Rock und alternativer Musik den Moskowitern und vielen Expats einheizen. Sehr lockere Einlasskontrolle und günstige Preise. *Tgl. 11–6 Uhr | Uliza Pokrowka 16/16 | Metro 1 Tschistyje Prudy*

LENINGRAD (128 B1) (*C5*)
Café, Club und Edeldisko in einem. Der Hauptsaal ist wie eine Arena aufgebaut, mit zentraler Tanzfläche. Meist legen DJs auf; oft gibt es aber auch Livemusik. *Club Do 20–5, Fr/Sa 21–6, Restaurant tgl. 12–24 Uhr | Eintritt 500 Rubel | Leningradski Prospekt 24a | www.leningrad.name | Metro 2, 5 Belorusskaja*

INSIDER TIPP MASTERSKAJA
(130 A5) (*H9*)

Das Masterskaja ist eine gelungene Mischung aus Tanzwirtschaft, Theater, Lounge, Restaurant und Bar. Tagsüber können Sie dort durchaus anspruchsvoll essen, abends entspannt in der Bar sitzen oder den Club besuchen. Auf der Bühne gibt es regelmäßig Konzerte, die nicht den klassischen Mainstream bedienen. *Tgl. 12–6 Uhr | Teatralny Ploschad 3/3 | www.mstrsk.ru | Metro 1, 3, 7 Lubjanka, Teatralnaja, Kusnezki Most*

MIO (133 E–F6) (*G14–15*)
Das Mio ist ein Mix aus Café, Sushi-Bar, Club und Disko. Das Ganze wurde mit minimalistischem, japanisch gestyltem Hightech-Interieur ausgestattet. Die Tanzfläche bietet Platz für 300 Menschen, die dort zu Techno und House tanzen können. *Tgl. 24 Std. | Kaluschskaja Ploschad 1 | www.cafemio.ru | Metro 5, 6 Oktjabrskaja*

PROPAGANDA ★ (130 B6) (*J9*)
Seit Jahren einer der populärsten Szene-Clubs, in dem international angesehene DJs auflegen. Zu Techno und House können Sie hier übrigens auch essen. *Tgl. 12–6 Uhr | Bolschoj Slatoustjinski Pereulok 7 | www.propagandamoscow.com | Metro 6, 7 Kitaigorod*

SACHAR (130 B3) (*J7*)
Der Tanzclub liegt in einem Traditionsviertel an der Sretenka-Straße. Einmal in der Woche findet eine Nostalgieveranstaltung mit Klassikern des Sowjetrocks statt, ansonsten wird bis in den frühen Morgen House gespielt. Getanzt wird jedoch immer. *Fr/Sa 22–6 Uhr | Bolschoj Sucharewskij Pereulok 23/25 | www.saxar-club.ru | Metro 6 Sucharewskaja*

Im Mio können Sie nach dem Essen gleich die Tanzfläche erobern

KINOS

Gilt auch fürs Zona: je weniger einladend das Entrée, desto besser der Club

WERMEL (134 A–B2) (*H11*)
Dieser Laden ist bestes Beispiel für eine schöne Mischung aus Diskothek und Underground-Club. Nur am Montag wird hier keine mitreißende Musik gespielt. Stattdessen erfreuen sich die Besucher an alten sowjetischen Filmkomödien. *Mo–Do 12–0, Fr 12–6, Sa 16–6, So 16–0 Uhr | Rauschskaja Naberezhnaja 4 | www.vermel.ru | Metro 2, 6, 8 Nowokusnetskaja, Tretjakowskaja*

ZONA (U D4) (*L18*)
Mainstream-Pop für ein Publikum im Alter von von 20 bis 50 Jahren. Zudem gibt es Remix-Abende alter Sowjethits. Platz für 3500 Gäste. *Tgl. 23–8 Uhr | Uliza Leninskaja Sloboda 19/2 | www.zonaclub.ru | Metro 2 Awtosawodskaja*

KINOS

35MM (131 D5) (*L8*)
Im 35 mm laufen alle Filme im Originalton mit Untertiteln. Die Spezialität des Kinos sind ungewöhnliche und selten gezeigte Filme aus dem Ausland. *Ab 250 Rubel | Uliza Pokrowka 47/24 | Metro 1, 5 Kurskaja, Krasnye Vorota*

PIONIER (U B3) (*A11*)
Eins der schönsten Moskauer Programmkinos. Hier werden Filme im Original mit Untertiteln gezeigt. *Ab 100 Rubel | Kutuzowski Prospekt 21 | www.pioner-cinema.ru | Metro 4 Kutuzowskaja*

PJAT' SWJOSD (FÜNF STERNE) (134 B5) (*J14*)
Wer die englischsprachigen Filme verpasst hat, kann zumindest das Interieur genießen: Neben einem Wasserfall über vier Etagen gibt es noch Cafés, Bars, Popcornverkäufer sowie eine Schmalspurbahn für die Kleinen. Das Kino hat fünf Säle. *Karten ab 100 Rubel | Uliza Bachruschina 25 | Metro 2, 5 Pawelezkaja*

ROMANOW CINEMA (126 A3) (*F10*)
So hätte es auch den Zaren gefallen: Luxuskino mit bequemen extrabreiten Sesseln in kleinen Sälen. *Ab 2500 Rubel | Romanow Pereulok 4 | Metro 1, 4 Biblioteka Imeni Lenina, Aleksandrowski Sad*

AM ABEND

KONZERTE

MESCHDUNARODNY DOM MUSYKI (INTERNATIONALES HAUS DER MUSIK) **(134 C5)** (*K14*)

Das neueste Konzerthaus mit drei Sälen wurde für große, internationale Musikfestivals gebaut. Im großen Saal ist eine wuchtige Konzertorgel aus Bonn installiert. *Kartenverkauf tgl. 10–21 Uhr | Karten 100–10 000 Rubel | Kosmodamianskaja Naberezhnaja 52 | Tel. 495 7 30 10 11 | www.mmdm.ru | Metro 2, 5 Pawelezkaja*

KULTURZENTRUM WINSAVOD
(131 E6) (*0*)

Die alte Weinfabrik hinter dem Kursker Bahnhof ist auch Moskaus größtes Kultur- und Vergnügungszentrum inklusive dem Tanzcafé *Schlaue Leute (Mo–Do 10–23, Fr/Sa 10 bzw. 11 bis open end, So 11–23 Uhr). 4. Syromjatnitscheskij Pereulok 1–6 | www.winzavod.ru | Metro 5 Kurskaja*

MOSKAUER KONSERVATORIUM ★
(126 A3) (*F10*)

Das über 100 Jahre alte Konservatorium ist Aushängeschild der Stadt – auch wegen der tollen Akustik für Orchester, Chöre und Orgel. Alle vier Jahre findet ein *Internationaler Tschaikowski-Wettbewerb* statt. *Kartenverkauf 11–20 Uhr | Konzerte ab 19 Uhr | Karten ab 100 Rubel | Uliza Bolschaja Nikitskaja 13/6 | Tel. 495 6 29 94 01 | www.mosconsv.ru | Metro 1, 3, 4 Ochotnyj Rjad, Arbatskaja*

TSCHAIKOWSKI-KONZERTSAAL
(129 D4) (*E7*)

Die ca. 300 Veranstaltungen im Jahr sind so populär, dass kaum Karten zu haben sind. Das Repertoire reicht von Klassik und Musical bis hin zu Folklore. *Kartenverkauf tgl. 10–20 Uhr | Konzerte ab 19 Uhr | ab 200 Rubel | Triumfalnaja Ploschad 4/31 | Tel. 495 6 99 22 62 | www.meloman.ru | Metro 2 Majakowskaja*

MOSKAUER SPORTSCHAU

Fußball ist auch in Moskau Publikumsmagnet Nummer eins – vor allem *Spartak Moskau* ist spitze. Bis August 2013 spielte der Moskauer Traditionsverein im 85 000 Zuschauer fassenden *Luschniki-Stadion*. Dieses wird jedoch für die Fußball-WM 2018 umgebaut. Spartak Moskau bekommt 2014 ein neues Stadion. Übergangsweise trägt der Rekordmeister seine Heimspiele im *Lokomotive-Stadion* **(U F1)** (*0*) *(Bolschaja Tscherkisowskaja 125/1 | Metro 1 Tscherkisowskaja | Kartenverkauf* **(128 A5)** (*B9*) *| tgl. 10–21 Uhr | Uliza Krasnaja Presnaja 21 | Metro 5 Krasnopresnenskaja)* aus. Begeistert das Team ausnahmsweise mal nicht, kann es allerdings zu Randalen enttäuschter Fans kommen. Weltklasse haben auch die bei Moskauern beliebten Eishockey- und Eiskunstlaufwettbewerbe, für die der *Eispalast (Ledowy dworez)* **(U B2)** (*0*) *(Di–Fr 12–20 Uhr | 140 Rubel | Chodynski Bulwar 3 | www.hockey-palace.ru | Metro 2 Dinamo, von der Metrostation 10 Minuten zu Fuß)* mit 14 000 Plätzen gebaut worden ist. Sie können dort auch selbst Schlittschuh laufen. Eine Gelegenheit, Tennisstars wie Maria Scharapowa live zu erleben, ist der *Kreml-Cup (Kartenverkauf Mo–Fr 10–18.30 Uhr | Olimpijski prospekt 16 | www.kremlincup.ru | Metro 5, 6 Prospekt Mira)*, jedes Jahr Anfang Oktober im *Olimpijski-Stadion*.

ÜBERNACHTEN

Die großen Hotels mit den klingenden Namen, roten Teppichen, schwarzen Limousinen vor der Tür und Blick auf die goldenen Kremlkuppeln bieten natürlich Service nach internationalem Standard. Die Gäste im Kempinski, Ritz oder Hyatt können sich wie zu Hause fühlen – sie müssen dafür nur wesentlich mehr bezahlen als in anderen Metropolen.

Doch selbst die vollkommen überteuerten Betten sind manchmal nicht mehr zu bekommen, weil in den vergangenen Jahren mehr Hotels abgerissen als neu gebaut worden sind. Die gigantischen sowjetischen Bettenburgen mit zusammen etwa 6500 Schlafplätzen *Rossia, Inturist, Moskwa* und *Minsk* sind abgerissen oder geschlossen worden. Um sie zu ersetzen, wurden bisher vor allem Luxushotels rund um den Kreml erbaut. Die Folge: Aufgrund des Bettenmangels stieg das Preisniveau im ganzen Stadtgebiet in schwindelerregende Höhen.

Auch die wenigen Mittelklassehotels sind in Moskau vergleichsweise teuer. In letzter Zeit hat die Stadtverwaltung aber immerhin den Plan geäußert, auch in der mittleren und unteren Preiskategorie neue Hotels zu bauen.

Billige Minihotels oder Privatunterkünfte mit Bed & Breakfast, die in St. Petersburg schon angeboten werden, sind in der Weltstadt Moskau bisher selten. Drei Dutzend Anbieter für eine 15-Millionen-Metropole sind zu wenig, aber es gibt sie inzwischen, die günstigen Übernachtungsmöglichkeiten im Zentrum, und es werden immer mehr. Wer als Individual-

Bild: Präsidenten-Suite des Ararat Park Hyatt

Viele Hotels halten internationalen Maßstäben stand. Doch schlafen ist in Moskau oft teurer als in anderen Metropolen

tourist nach Moskau will, sollte jedenfalls sicherheitshalber vorher gründlich im Internet recherchieren, denn das Angebot kann sich schnell ändern. Eine Alternative können zentrumsferne Hotels aus der Sowjetzeit sein. Der Zimmerkomfort ist dort allerdings manchmal eher dürftig und die Preise sind dennoch saftig.

Kreditkarten werden inzwischen in fast allen Moskauer Hotels akzeptiert. Notfalls ist aber auch der nächste Geldautomat nicht weit. Bar, Disko und Fitnesszentrum zählen häufig zur Grundausstattung.

HOTELS €€€

INSIDER TIPP ARBAT
(132 C2–3) (*D11–12*)
Kleines, gepflegtes Hotel in einer ruhigen Seitenstraße am Arbat wird vom Zuckerbäckerhochhaus des Außenministeriums überragt und gehört der Kreml-Administration. Es verfügt über ein Businesszentrum, ein Restaurant sowie eine Bar. *104 Zi. | Plotnikow Pereulok 12 | Tel. 499 2 71 28 01 | www.president-hotel.ru/arbat | Metro 3, 4 Smolenskaja*

HOTELS €€€

Unterm Glashimmel des Metropol schmeckt alles gleich doppelt so gut

EAST-WEST ⭐ (129 D5) (*E9*)
Das Haus mit Vorgarten wirkt mit den 26 Zimmern und dem kleinen, gemütlichen Frühstücksraum fast wie eine traditionelle britische Pension. Untergebracht in einem dreistöckigen Adelshaus aus dem 18. Jh., welches mitten im Zentrum liegt. *Twerskoj Bulwar 14/4 | Tel. 495 6 90 04 04 | www.hotel-east-west.ru | Metro 7 Puschkinskaja*

MARCO POLO PRESNJA
(129 D5) (*E9*)
1904 als Hotel für englische Lehrerinnen im alten Viertel an den Patriarchenteichen gebaut, wurde das Haus später als Parteihotel genutzt. Gäste werden mit Champagner begrüßt. Zudem gibt es ein Fitnesscenter. *70 Zi. | Spiridonewskij Pereulok 9 | Tel. 495 6 60 06 06 | www.presnja.ru | Metro 2 Majakowskaja*

METROPOL ⭐ (127 D2) (*G–H9*)
Das Fünf-Sterne-Hotel bezaubert durch das Jugendstilambiente im Frühstückssaal mit Springbrunnen, Intarsien-Glaskuppel und Harfenspielerin. Die Mosaike im Inneren und an der Fassade stammen von Michail Wrubel. Im Metropol wohnten bereits Bernhard Shaw, Oskar Maria Graf, Klaus Mann und Michael Jackson. Mit drei Restaurants. Im Winter traditioneller ● Sonntagsbrunch. *363 Zi. | Teatralny Prospekt 2 | Tel. 499 5 01 78 00 | www.metropol-moscow.ru | Metro 2, 3 Teatralnaja, Ploschad Revoluzii*

NIKITSKAJA ASSAMBLEJA
(126 A3) (*F10*)
Das Hotel ist zwar klein, aber relativ neu und schick und befindet sich in der Moskauer Altstadt am Konservatorium. *29 Zi. | Uliza Bolschaja Nikitskaja 12 | Tel. 495 9 33 50 01 | www.assambleya-hotels.ru | Metro 1 Ochotnyj Rjad*

PRESIDENT HOTEL ❆
(133 E–F4) (*G13*)
Das Hotel mit Blick auf die Erlöserkathedrale wurde einst für die internationale Abteilung des ZK der KPdSU gebaut. Im Haus der Kreml-Administration unterzeichneten die Staatschefs 1992 den 4-plus-2-Vertrag, mit dem die Teilung Deutschlands aufgehoben wurde. *208 Zi. | Uliza Bolschaja Jakimanka 24 | Tel. 499 2 71 28 00 | www.president-hotel.ru | Metro 5, 6 Oktjabrskaja*

SAVOY ⭐ (127 E1) (*H9*)
Eines der ältesten Hotels, nicht weit von Kreml und Lubjanka entfernt. 1913 als *Hotel Berlin* eröffnet, wurde es 2006 renoviert. Ausstattung: 67 Zimmer, Lobby mit Kamin, Businesszentrum, Sauna,

ÜBERNACHTEN

Pool, Fitnesscenter. *Uliza Roschdestwenska 3/6 | Tel. 495 6 20 85 00 | www.savoy.ru | Metro 1, 7 Lubjanka, Kusnezki Most*

UKRAINA RADISSON ROYAL HOTEL MOSCOW (132 A1) (*B10–11*)

Im restaurierten Zuckerbäckerbau verbinden sich Sowjetpomp und moderner Luxus. Aus dem Restaurant im 23. Stock und vielen Zimmern haben Sie einen tollen Blick auf das Weiße Haus und den Neuen Arbat. Wochenendrabatt. Sehenswert: die Bibliothek, die gleichzeitig als Businesscenter fungiert. Im dritten Stock befindet sich das einzige iranische Lokal der Stadt. *497 Zi. | Kutusowski Prospekt 2/1 | Tel. 495 2 21 55 55 | www.ukraina-hotel.ru | Metro 3, 4, 5 Kiewskaja*

HOTELS €€

AEROPOLIS (U B1) (*0*)

Dieser Hotelblock liegt verkehrsgünstig auf dem Weg zum Flughafen Scheremetjewo. Die Zimmer sind preiswert. *312 Zi. | Leningradski Prospekt 37/5 | Tel. 495 9 40 91 11 | www.aeropolis.ru | Metro Aeroport*

AST HOF (U A3) (*0*)

Das Hotel steht in einem Moskauer Wohnviertel. Gegenüber liegt der Filjowski Park mit Laufparcours. Gut ausgestattete 95 Zimmer. *Uliza Bolschaja Filjowskaja 25 | Tel. 495 7 44 07 00 | www.asthof.ru | Metro 4 Bagrationowskaja*

AZIMUT TULSKAYA HOTEL (U D5) (*0*)

Das Design des Azimut Tulskaya Hotels wird entscheidend von der Lage des Gebäudes bestimmt. In der ehemaligen Textilfabrik Danilovskaya Manufaktur mit roten Backsteinwänden, gewölbten Decken sowie gusseisernen Säulen und Naturholz sind 139 Zimmer und fünf Suiten untergebracht. Gutes Preis-Leistungs-Verhältnis. *Varshavskoe Schosse 3 | Tel. 495 9 87 22 22 | www.azimuthotels.com | Metro 9 Tulskaja*

DANILOWSKAJA ★ (U D4) (*H18*)

Das 1991 erbaute Hotel liegt direkt im Danilow-Kloster, dem Sitz des Patriarchen von Moskau. Es wird von der russisch-orthodoxen Kirche betrieben, sodass hier auch Synoden und Kirchenkonferenzen abgehalten werden. Die 116 Zimmer verfügen über Minibar und TV. Im Restaurant wird nach alten russischen Rezepten gekocht. *Bolschoj Starodanilowski Pereulok 5 | Tel. 495 9 54 05 03 | www.danilovsky.ru/hotel | Metro 9 Tulskaja*

MARCO POLO HIGHLIGHTS

★ **East-West**
Gediegenes kleines Hotel im Zentrum Moskaus → S. 94

★ **Metropol**
Jugendstilpracht am Kreml – mit Springbrunnen und Harfenspiel zum Frühstück → S. 94

★ **Savoy**
Lobby mit Kamin mitten im Bankiersviertel → S. 94

★ **Danilowskaja**
Wohnen im Kloster – gepflegt und gar nicht mal so teuer → S. 95

★ **National**
Wohnen wie einst Lenin und Churchill → S. 96

★ **Sowjetski**
Modernisierter Hotelluxus aus der Stalinzeit → S. 97

HOTELS €€

KATERINA PARK (136 C4) (*M 0*)
Das Katerina Park Hotel liegt etwas außerhalb des Zentrums, verfügt aber über ein ausgezeichnetes Preis-Leistungs-Verhältnis. Fitnessraum und großer Saunabereich. *245 Zi. | Uliza Kirovogradskaja 11 | Tel. 495 9 33 04 01 | www.katerinahotels.com | Metro 9 Prashskaja*

MAXIMA SLAVIA (U D4) (*M 0*)
Eines der besten Mittelklassehotels. Liegt in einer ruhigen Seitenstraße nicht weit

LUXUSHOTELS

Ararat Park Hyatt (127 D1) (*M H9*)
Das Hotel verfügt über eine ☼ Terrassenbar mit Glasdach und phantastischem Ausblick aus dem zehnten Stock auf den Kreml. Das *Café Ararat* lockt mit armenischer Küche. In den Wintermonaten ab Oktober bietet das *Park Restaurant* jeden Sonntag von 12.30 bis 16.30 Uhr einen großen ● Brunch mit Sushi, Austern und Spezialitäten der französischen, italienischen und russischen Küche an. Inklusive alkoholischer Getränke 4300 Rubel. *216 Zi. | ab ca. 335 Euro | Uliza Neglinnaja 4 | Tel. 495 7 83 12 34 | www.moskva.park.hyatt.com.ru | Metro 1, 2, 3 Ochotnyj Rjad, Teatralnaja, Ploschad Revoluzii*

Baltschug Kempinski (127 E6) (*M H12*)
Vom ☼ Frühstückssaal aus können Sie direkt auf den Kreml, den Roten Platz und die Basilius-Kathedrale schauen. Im Baltschug stiegen schon die Exkanzler Kohl und Schröder ab. *230 Zi. | ab 310 Euro | Uliza Baltschug 1 | Tel. 495 2 87 20 00 | www.kempinski-moscow.com | Metro 2 Nowokusnezkaja*

Lotte (132 C2) (*M D11*)
Für Freunde des Luxus ist das Hotel Lotte genau das richtige. Das Gebäude der koreanischen Kette ist wegen seiner imposanten Säulen und der Glasfassade nicht zu übersehen. Die Eingangshalle ist prunkvoll. Überall glitzert und blinkt es. Die 38 Suiten bieten maximalen Komfort. Selbst die 266 Standardzimmer sind mit 42 m² noch großzügig bemessen. Das Restaurant *Les Menus* lässt ebenfalls keine Wünsche offen. *Ab ca. 340 Euro | Novinskiy Bulwar 8/2 | Tel. 495 7 45 10 00 | www.lottehotel.ru | Metro 3, 4 Smolenskaja, Arbatskaja*

National ★ (126 B–C 2–3) (*M G10*)
Bereits seit dem Jahr 1903 gilt das Hotel National als eines der besten Häuser in Moskau, weshalb sich hier wohl auch Gäste wie Wladimir Lenin und Winston Churchill die Klinke in die Hand gaben. ☼ Die besten Zimmer und die Bankettsäle gestatten einen tollen Ausblick auf den Kreml. Ebenso die tolle Dachterrasse. Unterm Glasdach lockt der Hotelpool. *221 Zi. | ab 150 Euro | Uliza Mochowaja 15/1 | Tel. 495 2 58 70 00 | www.national.ru | Metro 1 Ochotnyj Rjad*

Ritz-Carlton (126 B2) (*M G9–10*)
Die O2-Lounge eröffnet ihren Besuchern einen wunderbaren ☼ Blick auf den Kreml. Die insgesamt 334 Zimmer (ab 360 Euro aufwärts) sind sehr edel im imperialen Stil gehalten, das kleinste von ihnen ist immer noch 42 m² groß. *Twerskaja Uliza 3 | Tel. 495 2 25 88 88 | www.ritzcarlton.com | Metro 1 Ochotnyj Rjad*

ÜBERNACHTEN

vom Ausstellungszentrum (WDNCH) und mit der Metro 25 Min. vom Kreml entfernt. In der Nähe befindet sich der *Aquapark Kwa-Kwa (2 Std. 540 Rubel | www.kva-kva.ru)*. Im Hotel gibt es eine Bar, eine Sauna sowie einen Beautysalon, Sportsaal und Konferenzraum mit 40 Plätzen. *100 Zi. | Jaroslawskoje Schosse 44 | Tel. 495 7 88 72 72 | www.maximahotels.ru | Metro 6 WDNC*

nold Schwarzenegger. 100 Zimmer, bis zu 130 m² groß. Fitnesscenter, Restaurant und Zigeunerrevue. *Leningradski Prospekt 32/2 | Tel. 495 9 60 20 00 | www.sovietsky.ru | Metro 2 Dinamo*

ULANSKAJA (130 C4) (*J8*)
Frisch renovierte 61 Zimmer im Stadtzentrum mit Jazzrestaurant. *Ulanski Pereulok 16 | Tel. 499 1511103 | www.*

Die O2-Lounge eröffnet ihren Gästen einen besonders tollen Blick auf den Kreml

OSERKOWSKAJA (134 C5) (*J14*)
Kleines Hotel im Altstadtviertel Samoskworetschije mit Business- und Fitnesscenter sowie Billard. *25 Zi. | Oserkowskaja Naberezhnaja 50/2 | Tel. 495 9 51 95 82 | www.ozerkovskaya.com | Metro 2, 5 Paweletskaja*

SOWJETSKI ⭐ (128 A1) (*B4*)
Modernisierter Stalinbarock. Bereits 1826 ein bekanntes Lokal, wurde das Haus unter Stalin zum Parteihotel ausgebaut. Hier wohnten bereits Konrad Adenauer, Margaret Thatcher und Ar-

ulanskaya.com | Metro 1, 6 Tschistyje Prudy, Turgenewskaja

HOTELS €

ALTAI (136 C3) (*0*)
Der renovierte und modernisierte 1950er-Jahre-Bau beeindruckt seine Gäste mit einem Jazzclub sowie Schönheits- und Fitnesseinrichtungen und ist außerdem äußerst verkehrsgünstig gelegen. *655 Zi. | Uliza Botanitscheskaja 41 | Tel. 495 4 82 27 97 | www.altay-hotel.ru | Metro 9 Wladykino*

JUGENDHOTELS

BAIKAL (136 C3) (*O*)
Das Hotel befindet sich nicht im Zentrum der Stadt, ist dafür aber recht preisgünstig. In der Nähe liegen das Ausstellungsgelände WWZ und der Botanische Garten. Dem Plattenbauhotel sind ein Vergnügungszentrum, einige Bars und ein Billardsaal angegliedert. *464 Zi. | Selskochosjaistwenaja Uliza 15/1 | Tel. 495 3 63 15 15 | www.baykal-hotel.ru | Metro 6 Botanitscheski Sad*

HOTELKOMPLEX ISMAILOWO (U F2) (*O*)
Touristensilo ist wohl der passende Ausdruck für diese riesige Hotelanlage mit etwa 4300 Zimmern in den Blöcken *Alpha* (www.alfa-hotel.ru), *Beta*, *Gamma*, *Delta* und *Wega* (www.hotel-vega.ru).

Günstig wohnen im Touristensilo:
Hotelkomplex Ismailowo

Hinter dem Komplex findet Moskaus größter Trödelmarkt statt. *Ismailowskoje Schosse 71 | Tel. 495 9 56 05 06 | www.hotelizmailovo.ru | Metro 3 Partisankaja*

JAROSLAWSKAJA (136 C3) (*O*)
Ein Haus aus Sowjetzeiten, nahe dem Ausstellungsgelände WWZ gelegen und einst für die Olympischen Spiele 1980 gebaut. Das Hotel verfügt über eine Sauna. *70 Zi. | Uliza Jaroslawskaja 8 | Tel. 495 7 83 55 53 | www.yaroslavskaya-hotel.ru | Metro 6 WDNH*

SALUT UND ASTRUS (136 C4) (*O*)
In den beiden Hochhaushotels übernachten vorwiegend Reisegruppen, die keine Probleme mit größeren Wegstrecken haben. Doch auch Individualisten gelangen mit der Metro schnell ins Zentrum. *Leninski Prospekt 158 | Tel. 495 2 34 92 52 | www.hotelsalut.ru; Leninski Prospekt 146 | Tel. 495 4 34 94 67 | www.astrus.ru | beide Metro 1 Jugo-Sapadnaja*

INSIDER TIPP ▶ SOLOTOI KOLOS (GOLDENE ÄHRE) (U D1) (*O*)
Das Haus war 1954 so etwas wie ein Vorläufer der sowjetischen Megahotels à la Kosmos. Insgesamt umfasst der Komplex 330 Zimmer, die in sieben Gebäuden mit Geschäften, Bars und einem Massagesalon untergebracht sind. *Uliza Jaroslawskaja 15 | Tel. 495 6 17 66 66 | www.zkolos.ru | Metro 6 WDNH*

JUGENDHOTELS

INSIDER TIPP ▶ DA HOSTEL
(132–133 C–D2) (*E11*)
Das erste Fahrradhostel in Moskau bietet in zwei Zimmern Platz für Zweiräder, die sicher in einem Ständer aufbewahrt werden können. Die übrigen Räume der hellen und freundlichen Jugendunterkunft können je nach Bedarf im Mehr-

ÜBERNACHTEN

bett- oder im Doppelzimmer bezogen werden. Im großen Gemeinschaftsraum warten Playstation und TV auf die Gäste. *Ab 16 Euro im Zehnbettzimmer | Uliza Stary Arbat 11 | Tel. 495 6 91 55 77 | www.da-hostel.com | Metro 4 Arbatskaja*

GODZILLAS HOSTEL (129 F3) *(⌘ G7)*
In einem kleinen Altstadtgässchen in unmittelbarer Nähe des Alten Zirkus stehen in acht Zimmern 20 Betten à 17 Euro die Nacht für Gäste zur Verfügung. Die Einzelzimmer sind natürlich deutlich teurer und liegen bei einem Preis von 55 Euro. *Bolschoj Karetny Pereulok 6 | Tel. 495 6 99 42 23 | www.godzillashostel.com | Metro 9 Zwetnoi Bulwar*

HOME FROM HOME (132 C2) *(⌘ D11)*
Direkt in der Fußgängerzone Arbat gelegen, befindet sich dieses Hostel, das insgesamt über 26 Betten verfügt. Pro Nacht können Gäste hier ab zehn Euro unterkommen. *Uliza Arbat 49 | Tel. 495 2 29 80 18 | www.home-fromhome.com | Metro 3, 4 Smolenskaja*

HOME HOSTEL (132 B4) *(⌘ D13)*
Ebenfalls nur wenige Gehminuten vom Arbat entfernt liegt dieses Haus mit zehn Zimmern und insgesamt 52 Betten. Einzelzimmer gibt es ab 50 Euro, ansonsten kann hier ab umgerechnet 12 Euro übernachtet werden. *2. Neopalimowski Pereulok 1/12 | Tel. 495 7 78 24 45 | www.moshostel.com | Metro 3, 4 Smolenskaja*

PRIVATE UNTERKÜNFTE

Die in Moskau vorgeschriebene Registrierung bei der Meldestelle erledigt die Zimmervermittlung *Kvart Hotel (Mo–Fr 10–19, Sa/So 10–18 Uhr | Tel. 495 9 21 14 24 | www.kvart-hotel.ru)* für die Gäste gleich mit. In den Wohnungen, die im Zentrum liegen, können ab 80 Euro z. B. vier Personen unterkommen. Bei den Apartments handelt es sich um gut ausgestattete Wohnungen ohne Familienanschluss. Gleiches gilt für die Apartments und Zimmer bei *Moskau Übernachten (Tel. 05251 20 20 80 | www.moskau-uebernachten.de)*. Diese sind zwar etwas teurer, dafür gibt es aber eine deutschsprachige Vermittlung.

LOW BUDGET

▶ Erstaunlicherweise liegt das *Hostel Napoleon* **(130 B6)** *(⌘ J9) (Maly Slatoustjinski Pereulok 2 | 4. Etage | Tel. 495 6 28 66 95 | www.napoleonhostel.com | Metro 6, 7 Kitaigorod)* nur fünf Gehminuten vom Kreml entfernt: Sechs Gemeinschaftszimmer mit sechs bis zehn Betten ab je 13 Euro stehen bereit.

▶ Hier übernachten Sie in einem Plattenbau der Perestroika-Zeit: Das *Agat* **(U E3)** *(⌘ 0) (117 Zi. | 3. Wladimirskaja 5a | Tel. 495 1 76 06 15 | www.otel-agat.ru | Metro 8 Schosse Entusiastow)* ist das einzige Hotel in der Stadt mit Doppelzimmern für nur 25 Euro.

▶ Das *Shelter Hostel* **(129 F4)** *(⌘ G7) (12 Euro im 14-Bett-Zimmer | Uliza Petrovka 17 | Tel. 495 6 41 02 54 | www.inshelter.ru | Metro 2, 7, 10 Twerskaja, Kusnezki Most, Trubnaja)* in direkter Nähe zum Puschkinplatz beherbergt 62 Gäste auf drei Etagen. Die Doppel- und Mehrbettzimmer sind einfach und ganz individuell gestaltet. Es gibt einen großzügigen Gemeinschaftsraum, eine kleine Leihbibliothek und einen Fahrradverleih.

STADTSPAZIERGÄNGE

Die Touren sind im Cityatlas, in der Faltkarte und auf dem hinteren Umschlag grün markiert

1 SPURENSUCHE DURCH GASSEN UND HINTERHÖFE

Dieser Spaziergang führt Sie durch den wohl lebendigsten Teil der Innenstadt Moskaus und mitten durch die Geschichte sowie die Gegenwart: von Puschkin zu Lenin, vorbei an Parlament und Gulag-Museum, mit vielen Cafés, Kellerbars und Boutiquen. Sie gehen etwa eine Stunde lang überwiegend durch Fußgängerzonen, genießen die Betriebsamkeit – und sehen dahinter die Dramatik der Geschichte, die sich hier abgespielt hat.

Am besten starten Sie am Puschkin-Denkmal → S. 53. Rund um den Puschkin-Platz liegen bekannte Cafés und Theater. Gleich neben dem Ausgang der Metrostation Tschechowskaja am Haus Strastnoi Bulwar 9 nimmt Sie ein großer Torbogen auf. Eine Reihe von verwinkelten Hinterhöfen mit Cafés und Restaurants führt bis zum Kositski Pereulok. So verdichtet wurde zur Blütezeit des Zarenreichs gebaut. Wenn Sie rechts bis zur Twerskaja laufen, sehen Sie an der Ecke das schönste Lebensmittelgeschäft Russlands. Das Jelissejew → S. 77 mit seinem prächtigen Jugendstilsaal *(Twerskaja 14)* belieferte seit 1894 Zaren und Generalsekretäre. Sein Direktor wurde wegen Korruption Mitte der 1980er-Jahre zum Tode verurteilt. Nehmen Sie doch ein Döschen Kaviar als Andenken mit, bevor Sie an der Twerskaja entlang in Richtung Kreml weiterspazieren, vorbei an der einstigen Hofbäckerei Filipowski (heute ein Café) und

Bild: Metrostation Komsomolskaja

Nehmen Sie die Metro und erkunden Sie den prachtvollen Untergrund. Oder erlaufen Sie sich Geschichte und Gegenwart der Stadt

am Emigrantenhotel Lux, heute **Zentralnaja** *(beide Twerskaja 10)*, wo Herbert Wehner, Wilhelm Pieck und Walter Ulbricht in den 1930er-Jahren erlebten, wie andere Emigranten über Nacht verhaftet wurden und verschwanden. Im Restaurant an der nächsten Straßenecke ist heute ein italienischer Schnellimbiss. Die Stuckdecken sind aber noch zu erkennen. Ein paar Schritte weiter auf der Twerskaja kommt ein Eckturm des Kreml in Sicht. Bevor 1954 das imposante **Reiterstandbild von Fürst Juri Dolgoruki**, dem Moskau-Gründer, auf dem Twerskaja-Platz errichtet wurde, stand hier eine Freiheitsstatue, für die eine Freundin Trotzkis Modell gestanden hatte.

Nun biegen Sie aus dem Gewühl der Twerskaja nach links ab. In dem georgischen Kellerrestaurant **Arakwi** beliebte Geheimdienstchef Berija zu speisen. Folgen Sie der Stoleschnikow-Gasse bis zur ersten Querstraße. Linker Hand liegt in Sichtweite der **Föderationsrat des russischen Parlaments**; gingen Sie nach rechts, kämen Sie nach wenigen Hundert Metern zur Duma. Sie laufen aber weiter geradeaus in die Fußgängerzone, die leider teilweise durch eine Monokultur teurer Boutiquen verödet ist. Doch in einem der Hinterhöfe linker Hand finden Sie das bezaubernde Lokal **Gogol** *(Stoleschnikow Pereulok 11 | www.gogolclubs.ru),* in dem es tagsüber von 12 bis 16 Uhr Lunch ab 260 Rubel sowie donnerstags- bis samstagsabends gute Livemusik gibt.

chitektur wegen lohnt es sich hindurchzugehen.
Gegenüber dem alten Adelspalast der **Zentralbank** kommen Sie heraus, gehen ein paar Schritte nach rechts, wo das neoimperiale Gebäude des Kaufhauses **ZUM** Blicke auf sich zieht. Sie aber folgen links der belebten Straße Kusnezki Most, an vielen kleinen Geschäften und Cafés vorbei bis zur Roschdestwenka Uli-

Im Gulag-Museum bekommen Sie eine Ahnung vom Schrecken der Stalinschen Straflager

Die **Stoleschnikow-Fußgängerzone** führt weiter auf das staatliche INSIDER TIPP *Gulag-Museum (Fr–Mi 11–19, Do 12–21 Uhr | Eintritt 150 Rubel | Petrowka 16)* zu, das mittels Installationen drastisch vom Schrecken des Stalinschen Lagersystems berichtet. Zudem bietet es auch zahlreiche temporäre Sonderausstellungen an. Gehen Sie weiter nach rechts am Säulenportal der Generalstaatsanwaltschaft vorbei bis zum Eingang in die **Petrowski-Passage→ S. 80** mit ihrer sehenswerten Jugendstilarchitektur. Sie ist sehr luxuriös, aber fast menschenleer. Der Ar-

za, an der Sie nach rechts abbiegen. Auch hier spüren Sie die quirlige Betriebsamkeit dieses Altstadtviertels. Am Ende der Gasse erreichen Sie zwischen dem Edelhotel **Savoy** und dem riesigen Kaufhaus **Djetski Mir (Kinderwelt)** wieder die Hauptstraße.
Wenn Sie nach links schauen, liegen vor Ihnen das gewaltige KGB-Hauptquartier **Lubjanka → S. 41** sowie eine Fußgängerunterführung. Auf der anderen Straßenseite umgehen Sie das kunterbunte Einkaufszentrum Nautilus und stehen schon am Anfang der alten **Nikolskaja-**

STADTSPAZIERGÄNGE

straße → S. 42. Gleich im zweiten Haus rechter Hand können Sie im Gewölbelabyrinth des Kellercafés Pirogi ausruhen und den 24-Stunden-Buchladen durchstöbern, bevor Sie die Nikolskaja entlang weiterschlendern, ein spannender Mix von modern-mondän und uralt-ehrwürdig. Die Straße endet am Kaufhaus GUM – mit Blick über den Roten Platz auf Kreml und Lenin-Mausoleum.

2 METRO: MUSEUM DER TECHNIK UND DES ZEITGEISTS

Die ● ★ Moskauer Metro befördert täglich rund 9 Mio. Passagiere auf einem Streckennetz von fast 300 km Länge. Die 500 Züge rasen oft nur in einem Abstand von 90 Sekunden hintereinander her. Damit ist sie Weltmeister im Nahverkehr. Doch Moskaus Untergrundbahn ist zugleich auch ein Museum der Technik, der Architektur und des Zeitgeists. Ein Ausflug hierher kommt einer Reise zu den unterirdischen Palästen der Stalinära gleich, denn die Untergrund-Bahn sollte von Anfang an mehr als nur Transportmittel sein. Sie war auch das sozialistische Prestigeobjekt der Sowjetunion. So widmet sich fast jede der prunkvoll gestalteten Stationen einem Thema. Der Eintritt in dieses Museum kostet 30 Rubel – für ein Ticket, mit dem Sie bis zum Betriebsschluss im Untergrund bleiben können. Die gesamte Tour dauert in etwa eineinhalb Stunden.

Am Ploschad Revolutsii (Platz der Revolution) führt die Rolltreppe in einen 1938 eröffneten Saal mit roten Marmorbögen. Eine Garde von 76 in Bronze gegossenen Helden säumt den Bahnsteig: Arbeiter, Bauern, Pioniere mit Gewehr, Studentinnen, Grenzsoldaten mit Hunden – deren Nasen immer glänzen, weil es Glück bei Klausuren bringen soll, sie zu streicheln.

Die erste Metrolinie wurde 1935 feierlich eröffnet. Bertolt Brecht, der damals im Moskauer Exil lebte, besang das Ereignis als Sieg der sozialistischen Ästhetik. Rund 76 000 Arbeiter bauten in den darauf folgenden Jahren das Metronetz weiter aus und wurden dabei nur selten vom Kriegsgeschehen unterbrochen.

Ihre nächste Station an dieser Linie (Nr. 3), Arbatskaja, wurde nach Stalins Tod 1953 eröffnet. Sie liegt direkt unter dem Verteidigungsministerium. Aus rotem Marmor wachsen hier blendend weiße Bögen empor. In der nächsten, in weißem Marmor gehaltenen Station Kiewskaja feiert ein riesiges Mosaik 300 Jahre russisch-ukrainische Einheit. 24 Deckengemälde im Stil des sozialistischen Realismus zeigen das Lebensglück in der sozialistischen Ukraine. In der Saalmitte führt ein Übergang zur Ringlinie 5, über die Sie die blütenweiße Station Belorusskaja erreichen. Deren zwölf Marmormosaike sind den sozialistischen Aufbausiegen in Weißrussland gewidmet. Sie gehen auch hier durch den Übergang, in dem ein riesiger Bronzepartisan mit Kalaschnikow sitzt, zur benachbarten Haltestelle der Linie 2 und fahren weiter zur Majakowskaja. Die Station ist futuristisch gehalten, zu Ehren des gleichnamigen Sowjetdichters. Die glänzenden Nirosta-Bögen der Säulen leiten den Schall. Was Sie auf der einen Seite hineinflüstern, ist auf der anderen zu hören. Im Krieg diente die Station als Lazarett und Bunker. Im November 1941 versammelte Stalin hier die Sowjetführung.

Sie können mit derselben Linie zum Kreml weiterfahren (Haltestelle Ochotnyj Rjad) oder zurück zur Belorusskaja und noch die Stationen Nowoslobodskaja, Komsomolskaja und Kurskaja auf der Kreislinie 5 besuchen, bevor Sie von dort wieder mit Linie 3 zum Ausgangspunkt Ploschad Revolutsii zurückkehren.

Ab ein Uhr nachts werden die Übergänge zwischen den einzelnen Stationen geschlossen. Sie können dann nur noch auf Ihrer Linie weiterfahren.

3 DICHTER- UND BÜRGERQUARTIERE

Hier gingen einst Dichter wie Puschkin, Tschechow und Gorki spazieren. Dieser Bummel durch zwei schöne alte Stadtviertel könnte sich an eine Kremlbesichtigung anschließen. Auf dem zweistündigen Weg finden Sie gute Cafés zum Ausspannen.

Vom Haupteingang des Kreml, der **Dreifaltigkeitsbrücke** mit dem Kutafja-Turm, aus unterqueren Sie die Mochowaja Uliza und betreten die Wosdwischenka Uliza. Linker Hand steht das **Dostojewski-Denkmal**. In Stein gehauen sitzt der Dichter grübelnd vor der **Russischen Staatsbibliothek** (Ex-Lenin-Bibliothek), der weltweit zweitgrößten ihrer Art. Etwas weiter links sehen Sie das Moskauer **Architekturmuseum** (Uliza Wosdwischenka 5), das die Modernisierung Moskaus durch Stalin dokumentiert. Sie aber biegen rechts ab in den engen, düsteren **Romanow Pereulok**, in dem Stalins Militärelite wohnte. Schwere Gedenktafeln erinnern daran. An der Bolschaja Nikitskaja Uliza wird es wieder heller. Rechts ist der Kreml zu sehen, Sie gehen nach links. Die **Nikitskaja** war früher Start des Handelswegs zur Hansestadt Nowgorod. Alte Kirchen erinnern an diese Zeit. An der Straße liegen Antiquariate, Boutiquen und viele Cafés. Bevölkert wird sie von Besuchern des **Konservatoriums → S. 91**, des **Majakowski-Theaters**, der Musicals in der **Helikon-Oper** oder des **Theaters am Nikitski-Tor**. In einer Seitengasse finden Sie die Galerie **INSIDER TIPP** *Art4ru* (Chlynowski Tupik 4 | www.art4.ru), die ihre Ausstellungen nach Besucherabstimmungen installiert. Die Nikitskaja stößt an der Zentrale der staatlichen Nachrichtenagentur **Itar-Tass**, deren Fassade an einen riesigen Filmstreifen erinnert, auf den Boulevardring. Hier stehen ein weiteres **Denkmal für Puschkin**, die **Große Auferstehungskirche**, in der der Dichter 1831 getraut wurde, und ein **Zuckerbäckerhochhaus**. Neben der Kirche biegen Sie rechts in die Spiridonowka ab, passieren die hübsche Villa mit dem **Gorki-Museum → S. 51** darin, und laufen am **Denkmal des Poeten Alexander Blok** nach rechts auf einen schmalen Fußweg, bis Sie die Malaja Bronnaja erreichen. An der Ecke liegt auch eine **Synagoge**, eine von vier in Moskau. Das Viertel erinnert an Berlin. Folgen Sie der belebten Straße, bis Sie den **Patriarchenteich** erreichen, der im Sommer ein beliebter Treffpunkt bei Jugendlichen ist.

Staatsbibliothek: Viel zu lesen in der zweitgrößten Bücherei der Welt

STADTSPAZIERGÄNGE

PEREDELKINO – DORF DER DICHTER

20 km westlich des Kremls liegen die Datschen von Boris Pasternak und anderen Schriftstellern. Mit dem Zug kommen Sie in nur 25 Min. vom Kiewer Bahnhof zur Station Peredelkino. Danach sind es noch 15 Min. Fußweg.

Auf Vorschlag Maxim Gorkis bauten deutsche Architekten ab 1934 in einem Wald 50 meist zweigeschossige Holzhäuser. Die bekanntesten Sowjetautoren zogen hier ein, darunter Pasternak und Ehrenburg. Peredelkino wurde ein Mekka für die Moskauer Literaturszene. Besuchen Sie die Uliza Pawlenko 3. Es scheint, als hätte Boris Pasternak seinen Schreibtisch, an dem er „Doktor Schiwago" schrieb, gerade erst verlassen. Die **Pasternak-Datscha** *(Fr–So, Di/Mi 11–18, Do 13–19 Uhr | 150 Rubel)* ist als Museum zugänglich. Schauen Sie sich auch das **Bulat-Okudschawa-Haus** *(Do–So 11–16 Uhr, nach Vereinbarung | 250 Rubel | Uliza Dowschenko 11 | Tel. 495 5 93 52 08)* an. Der Dichter und Sänger, der in dem Holzhäuschen wohnte, galt mit seinen Chansons als Sprachrohr der Nachkriegsgeneration und war Wegbereiter der Perestroika. Am Weg zurück zur Haltestelle liegen auf einer Anhöhe ein Friedhof mit dem **Grab Boris Pasternaks** und die **Christus-Verwandlungs-Kirche** aus dem 17. Jh., die Sommerresidenz des Patriarchen. Ihre Kuppeln erinnern an die Basilius-Kathedrale.

GRÜNES MOSKAU: ELCHINSEL UND SPERLINGSBERGE

Wollen Sie in Moskau Natur erleben, gibt es nicht nur drei Botanische Gärten, sondern auch Wald- und Parkflächen – von der Elchinsel im Norden bis zu den Sperlingsbergen im Süden.

Im etwa 128 m² großen Wald im **Nationalpark Elchinsel** *(Tel. 0903 7 44 58 55 | www.elkisland.ru)*, der zu einem Viertel im Stadtgebiet liegt, sichten Sie mit etwas Glück wilde Elche. Zudem werden 45-minütige Ausflüge in ein Elchgehege oder in den Wald *(tgl. 11 und 13 Uhr | 400 Rubel)* angeboten. Der Park ist mit dem Zug vom Jaroslawler Bahnhof aus für 60 Rubel in nur 20 Min. *(Station Jausa)* zu erreichen, das Elchgehege von der Station Perlowskaja aus.

An der Metrolinie 1 liegt das **Naturschutzgebiet Sperlingsberge (Worobjowy Gory)**. Von der Haltestelle Universität gelangen Sie in ca. 20 Min. zur Aussichtsplattform über das Gebiet. Überqueren Sie dazu zunächst den vielbefahrenen Lomonosov Prospekt. Auf der anderen Straßenseite gehen Sie links immer entlang des Prospekts bis zur Uliza Lebedewa. In diese biegen Sie rechts ein und gehen immer geradeaus am Gebäude der Lomonosov-Universität vorbei zur **Aussichtsplattform Sperlingsberge** → S. 56. Dort liegt Ihnen die Stadt zu Füßen. Setzen Sie ihren Weg fort und gehen an der Skisprungschanze den Berg hinab bis zur Moskwa. In dem 137 ha großen Park, der sich unterhalb der Schanze erstreckt, kann man wunderbar entspannen. Wenn Sie rechts immer entlang des Flusses in Richtung Gorki-Park laufen, erreichen Sie die Metrostation Worobjowy Gory. Leider sollten in der Vergangenheit immer wieder Luxus-Wohnanlagen in diesem Park gebaut werden. Bisher scheiterten die Versuche am Widerstand von Umweltschützern. Langfristig wird der Trend aber schwer aufzuhalten sein. Eine **Ökostation** *(Tel. 499 7 39 27 07)* organisiert bei Anmeldung auch fachkundige Exkursionen *(tgl. 8–17 Uhr | werktags kostenlos | nur in russischer Sprache)*.

MIT KINDERN UNTERWEGS

EXPERIMENTANIUM (U C1) (*M D2*)
Wie entsteht Dampf und wie kommt der Strom aus der Steckdose? An mehr als 300 interaktiven Stationen erleben Kinder im Experimentanium Naturphänomene. Anfassen und Ausprobieren erlaubt! Zudem gibt es einen Hörsaal und ein Labor, in dem Kinder unter Anleitung selbst Versuche vornehmen können. Nur auf Russisch. *Mo–Fr 9.30–19, Sa/So 10–20 Uhr | Eintritt Mo–Fr 350, Sa/So 450 Rubel für Kinder, Erwachsene je 100 Rubel mehr | Butirskaja Uliza 46/2 | Tel. 495 7 89 36 58 | www.experimentanium.ru | Metro 9 Savelowskaja*

FILJOWSKI-PARK (U A3) (*M 0*)
Der „Fili", wie die Moskowiter ihn nennen, ist genau der richtige Ort, um mit Kindern dem Großstadtdschungel für einige Stunden zu entfliehen. Außer einem Hochseilgarten und vielen Spielplätzen bietet der Park neue Radwege, **INSIDER TIPP** einen Strand und ein Schwimmbecken direkt an der Moskwa. *Uliza Bolschaja Filowskaja 32 | www.park-fili.ru | Metro 4 Filjowski Park*

KARTODROM PILOT (137 D3) (*M 0*)
968 m lang ist diese Kart-Rennstrecke. Während der Nachwuchs auf 5,5-PS-Karts seine Runden dreht, können Sie auf der Tribüne oder im Restaurant sitzen – oder sich selbst hinters Steuer setzen. Schutzanzug, Helm und Handschuhe sind im Preis inbegriffen, ein Intensivkursus kostet extra. *Tgl. 11–23 Uhr | Fahrten ab 400 Rubel/10 Min. | Proesd Schokalskogo 52 | Tel. 925 7 72 25 89 | www.ruskart.ru | Metro 6 Babuschkinskaja*

KATZENTHEATER (TEATR KOSCHEK) (U B3) (*M 0*)
Hier hätten die Katzen den Dompteur dressiert, weil es andersherum nicht gehe, behauptet Direktor Kuklatschow. Das abwechslungsreiche Programm wird von einem Dutzend Katzen, Clowns und einem Hund bestritten. Das Theaterbüro ist täglich von 11 bis 18 Uhr geöffnet. *Eintritt ab 300 Rubel | Prospekt Kutusowski 25 | Tel. 499 2 43 40 05 | www.kuklachev.ru | Metro 4 Kutusowskaja*

KINDERCLUB ARLEKINO (DETSKI KLUB ARLEKINO) (135 D3) (*M K12*)
Kinder bis 13 Jahre können sich hier mit und ohne Eltern vergnügen. Für Betreuung ist gesorgt, egal, ob die Kleinen die bunte Spiellandschaft entdecken, sich schrecklich-schön bemalen lassen oder als Harry Potter verkleiden wollen. Jeden

Moskau ist noch immer kein Kinderparadies, aber inzwischen gibt es schon ein paar interessante Ausflugsmöglichkeiten

Tag gibt es Puppentheater, zudem treten Clowns und Zirkusartisten auf. Mitmachprogramme aller Art sorgen für gute Laune. Gesprochen wird Russisch. Eintritt für Kinder kostet 400, am Freitag und am Wochenende 600 Rubel. Erwachsene Begleitpersonen zahlen 50 Rubel. Im Preis enthalten ist ein Büfett für die kleinen Gäste. *Tgl. 12–22 Uhr | Werchnjaja Radischtschewskaja Uliza 19/3 | Tel. 495 915 11 06 | www.arlecino.com | Metro 5, 7 Taganskaja*

NIKULIN-ZIRKUS (ZIRK NIKULINA) ●
(129 F3) (*M G7*)

Wer hier in einer der ersten Reihen sitzt, kann sich gute Chancen ausrechnen, bei den lustigen Clowns mitmachen zu dürfen. Benannt ist der älteste Zirkus der Stadt, der 1880 gegründet wurde, nach Juri Nikulin, dem beliebtesten Clown Russlands. *Kartenverkauf Mo–Fr 11–14 und 15–19 Uhr, Sa/So 11–12.30 und 13.30–19 Uhr | Eintritt ab 400 Rubel | Zwetnoi Bulwar 13 | Tel. 495 6 25 89 70 | www.circusnikulin.ru | Metro 9 Zwetnoi Bulwar*

SOKOLNIKI-PARK
(U D–E1) (*M L–M 1–3*)

Im Sommer wird der Park im Nordosten der Stadt zur riesigen Inlineskate- und Fahrradbahn. Im Winter sind die Wege für Schlittschuhläufer geflutet. Es gibt einen Hochseilgarten, ein Fußballfeld und ein Schwimmbad. Jungen und Mädchen ab drei Jahren können im *Haus der Kinderkunst* tanzen, singen und musizieren. In russischer Sprache. *Tgl. 8–23 Uhr | Sokolnitscheski Wal 1 | Metro 1 Sokolniki*

ZOO ● (128 B5) (*M C–D 8–9*)

Das Affenhaus, die Eisbärenjungen und das Nachttierquartier sind sehr sehenswert – insgesamt 6000 Tiere sind zu entdecken. *Im Winter Di–So 10–17, im Sommer 10–20 Uhr | Eintritt ab 300 Rubel | Uliza Bolschaja Grusinskaja 1 | Tel. 2 52 35 80 | www.moscowzoo.ru | Metro 5, 7 Krasnopresnenskaja, Barrikadnaja*

EVENTS, FESTE & MEHR

Gefeiert wird in Moskau oft, gern und lange: Die Festivitäten zum Jahreswechsel beginnen Mitte Dezember und enden am 13. Januar, dem Neujahrstag nach dem russisch-orthodoxen Kirchenkalender. Nach und nach werden auch alte Traditionen wiederbelebt. Im Februar wird die russische Karnevalswoche gefeiert. Und auch Feiertage aus Sowjetzeiten haben nach wie vor ihren Platz im Festekalender. Zwischen dem 1. und dem 9. Mai muss werktags zwar offiziell gearbeitet werden, inoffiziell hält sich aber kaum jemand daran. Über das Jahr verstreut liegen die Feiertage von Feuerwehr, Miliz, Fallschirmjägern usw., die aber nicht arbeitsfrei sind. Sie werden wie die Staatsfeiertage trotz allem mit beeindruckenden Feuerwerken begangen.

FEIERTAGE

An offiziellen Feiertagen bleiben Ämter und Behörden geschlossen; Museen und Geschäfte haben nach eigenem Ermessen geöffnet. Fällt ein arbeitsfreier Tag auf den Samstag oder Sonntag, verschiebt sich der Feiertag automatisch auf den nachfolgenden Montag.
31. Dez./1. Jan. Silvester/Neujahr, Megafete rund um den Roten Platz; **7. Jan.** Weihnachten, Mitternachtsmesse in allen Kirchen; **23. Feb.** Tag des Vaterlandsverteidigers; **8. März** Internationaler Frauentag; Ostersonntag; **1. Mai** Tag des Frühlings/der Arbeit; **9. Mai** Tag des Sieges, Militärparade auf dem Roten Platz, INSIDER TIPP Kriegsveteranentreffen und Tanz auf zentralen Plätzen; **12. Juni** Tag Russlands – 1991 erklärte sich Russland für unabhängig; **4. Nov.** Tag der Volkseinheit, neu für die Oktoberrevolutionsfeiern, 1612 wurden polnische Truppen vertrieben; **12. Dez.** Tag der Verfassung, nicht arbeitsfrei, 1993 Volksabstimmung über die Verfassung

VERANSTALTUNGEN

JANUAR
▶ INSIDER TIPP *Täuferfest:* Am 19. Jan. Massen-Eisbaden mit Kirchensegen in vielen Parks
Am 25. Januar, dem ▶ **Studententag,** steigen Feten in allen Unis.

ENDE FEBRUAR/ANFANG MÄRZ
▶*Butterwoche* (www.maslenizа.moskau.ru): Karneval wird in Moskau vor der Fastenzeit gefeiert – mit Bliny-Festessen, Umzügen, Folklore und Troika-Fahrten in Kolomenskoje.

Religiöse Feiertage, Traditionen aus Sowjetzeiten, internationale Festivals: Die Moskauer Festemischung ist so bunt wie nie

MÄRZ–APRIL

Theaterfestival ▶ *Goldene Maske* (www.goldenmask.ru): Opern-, Ballett- und Schauspieltruppen aus ganz Russland spielen auf allen Bühnen der Hauptstadt.

APRIL

▶ *Russian Fashion Week* (www.rfw.ru): Die Modemesse vereint russische und internationale Designer.

MAI

▶ *Art Moscow* (www.art-moscow.ru): exklusive Kunstmesse ab Mitte Mai

JUNI

▶ *Internationales Moskauer Filmfestival* (www.moscowfilmfestival.ru): besteht seit 1935 und wird von Jahr zu Jahr internationaler

JULI

▶ *Bierfest:* Vorbild ist das Oktoberfest. Feuchtfröhliches Massenvergnügen im Sportstadion Luschniki

AUGUST

▶ INSIDER TIPP *Internationales Jazzfestival* (Karetny Rjad 3 | Tel. 495 2 29 11 60 | Metro 2, 9 Twerskaja, Tschechowskaja): am letzten Augustwochenende im Ermitage-Garten.

SEPTEMBER

▶ *Internationale Moskauer Buchmesse* (www.mibf.ru): Sie soll auf Dauer so wichtig wie die Frankfurter Buchmesse werden.

DEZEMBER

▶ *Art-Manege* (www.art-manege.ru): Eine Gemeinschaftsausstellung aller russischen Galerien, die Anfang Dezember stattfindet.

DEZEMBER/JANUAR

Festival ▶ *Russischer Winter* Mitte Dezember bis 7. Januar. Erleben Sie auf vielen Moskauer Bühnen Klassik und Folklore. Höhepunkt: das Silvesterkonzert im Konservatorium

LINKS, BLOGS, APPS & MORE

LINKS

▶ www.moskau.ru Deutsche Internetzeitung, in der Sie Nachrichten, Stadtgeschichten, Infos zu Sehenswürdigkeiten und Services finden

▶ www.moscow-russia-insiders-guide.com Tipps zu Sehenswürdigkeiten, Verkehr, Restaurants, aber auch Themen wie Mythen und Fakten. Auf Englisch

▶ www.wikitravel.org/de/moskau Schöne Website, um sich einen ersten Überblick zu verschaffen und kurz und knapp die wichtigsten Infos zu finden

▶ www.afisha.de Sehr aktuelle und gut gepflegte Website des monatlich erscheinenden Magazins; auch auf Deutsch

▶ www.marcopolo.de/moskau Interaktive Karten inklusive Planungsfunktion, Impressionen aus der Community, aktuelle News und Angebote …

BLOGS & FOREN

▶ www.moskultinfo.de Viele praktische Tipps und Informationen zu den Sehenswürdigkeiten, dem kulturellen Leben und ungewöhnlichen Orten der Stadt

▶ www.englishrussia.com Die englischsprachige Site liefert ein tägliches Best-Of an skurrilen Alltagsbildern aus der russischen Blogosphäre. So eine Seite hat man in Russland zuvor noch nicht gesehen

▶ www.dr-wiedemann.livejournal.com Tagebuchnotizen einer deutschen Journalistin in Moskau, scharf Beobachtetes und manchmal auch Verwunderliches

▶ www.inmoskau.de/blog Aus dem Internet gesammeltes, darunter auch Audios, Videos und viele Insidertipps

▶ www.russischlernen.com/blog In diesem Blog berichtet Christian Urban über seine Sprachreisen nach Moskau und präsentiert, was er – nicht nur über die Sprache – gelernt hat. Auch das Flirten und die richtige Begrüßung wollen gelernt sein

Egal, ob Sie sich vorbereiten auf Ihre Reise oder vor Ort sind: Mit diesen Adressen finden Sie noch mehr Informationen, Videos und Netzwerke, die Ihren Urlaub bereichern. Da manche Adressen extrem lang sind, führt Sie der kürzere short.travel-Code direkt auf die beschriebenen Websites

VIDEOS & STREAMS

▶ german.ruvr.ru Der Radiosender „Stimme Russlands" bietet viele Audiobeiträge als Podcast und zudem noch einen Live-Stream

▶ www.aktuell.ru/audio Hier finden Sie eine bunte Mischung von Audioclips aus dem Alltag der russischen Hauptstadt

▶ short.travel/mos1 Moskau TV zeigt auf dieser Seite Videos zu bisweilen recht eigenwilligen Veranstaltungen wie Militärparaden, aber auch zu lustigen Traditionen wie Eisbaden oder Schlittschuhlaufen auf dem Roten Platz

APPS

▶ Get Taxi Moskau Diese App stellt eine direkte Verbindung zwischen dem Taxifahrer und dem Kunden her. So können Sie mit einem Blick sehen, wie weit das nächste Taxi von Ihnen entfernt ist

▶ Touch Russia Geschichten aus dem russischen Alltag bunt auf dem iPad erzählt (Sprachen: Englisch, Deutsch)

▶ Moscow Subway 2010 Interaktive Karte der Moskauer Metro. Nie wieder im Tunneldickicht verfahren (Sprache: Englisch)

▶ Hot Spot Russia Falls man in Moskau dringend ins Internet muss, aber nicht weiß, wo – diese App sagt's Ihnen (Sprache: Englisch)

NETWORK

▶ short.travel/mos2 Wenn man sich auf der Seite des russischen Hospitality Clubs anmeldet, kommt man eventuell sehr günstig an eine Unterkunft in der sonst recht teuren Stadt. Die Menüführung ist auf Deutsch

▶ www.moscowgreeter.ru Seit 2010 bietet diese Community kostenlose Stadtspaziergänge für ausländische Besucher an. Die Führungen werden ehrenamtlich von Moskowitern, zumeist Sprachstudenten, durchgeführt (Sprache: Englisch)

▶ www.expat.ru Auf dieser englischsprachigen Seite erfahren neuangekommene Moskauer und Touristen alles, was man über die Metropole wissen sollte. Neben wichtigen medizinischen Adressen gibt es dort auch Ausgeh- und Restauranttipps

PRAKTISCHE HINWEISE

ANREISE

🚆 Die internationalen Züge aus Berlin und Warschau kommen am Weißrussischen Bahnhof *(Belorusski Woksal)* an. Die Fahrt von Berlin dauert etwa 28 Stunden und kostet hin und zurück im Schlafwagen ab 160 Euro *(www.gleisnost.de)*. Das notwendige Transitvisum für Weißrussland können Sie für 30 Euro aufwärts erhalten *(www.pro-visa.net, www.vostok.de)*.

🚌 Reisebusse brauchen für die Strecke Berlin–Moskau rund 36 Stunden. Die Fahrt für Hin- und Rückweg kostet insgesamt etwa 190 Euro *(www.touring.de)*. Zusätzlich fallen jedoch noch die Gebühren für das weißrussische Transitvisum an.

✈ Hin- und Rückflug nach Moskau sind ab etwa 150 Euro zu haben. Nach nur 2,5 bis 3,5 Stunden landen Sie. Alle drei Passagierflughäfen sind inzwischen gründlich modernisiert worden und haben eine gute Schienenanbindung. Nach 40 Min. Fahrzeit im „Aeroexpress" sind Sie im Zentrum Moskaus. Die einfache Fahrt kostet 340, Business-Class-Tickets 550 Rubel. Von Domodedowo aus kommen Sie am Pawelezker, von Wnukowo aus am Kiewer und von Scheremetjewo aus am Belarusski-Bahnhof an. Von dort aus geht es gut mit der Metro weiter. Bei viel Gepäck empfiehlt sich ein Taxi *(Kosten ca. 50 Euro)*. Bestellen Sie es gleich in der Ankunftshalle am Serviceschalter. Aufgrund der Dauerstaus müssen Sie mit der doppelten oder dreifachen Fahrtzeit ins Zentrum rechnen. Nicht viel schneller, aber deutlich billiger sind die Linientaxen „Marschrutka", die für etwa 120 Rubel *(ca. 3 Euro)* bis zur nächsten Metrostation fahren. Wenn Sie die Möglichkeit haben, vorab schon ein Taxi zu buchen, können Sie sich von der Firma *Marteks (www.zz.ru)* für etwa 1100 Rubel *(rund 25 Euro)* abholen lassen. Die Marteks-Fahrer warten dann mit einem Namensschild im Ankunftsbereich.

GRÜN & FAIR REISEN

Auf Reisen können auch Sie viel bewirken. Behalten Sie nicht nur die CO_2-Bilanz für Hin- und Rückreise im Hinterkopf *(www.atmosfair.de; de.myclimate.org)* – etwa indem Sie Ihre Route umweltgerecht planen *(www.routerank.com)*, sondern achten Sie auch Natur und Kultur im Reiseland *(www.gate-tourismus.de; www.ecotrans.de)*. Gerade als Tourist ist es wichtig, auf Aspekte wie Naturschutz *(www.nabu.de; www.wwf.de)*, regionale Produkte, wenig Autofahren, Wassersparen und vieles mehr zu achten. Wenn Sie mehr über ökologischen Tourismus erfahren wollen: europaweit *www.oete.de*; weltweit *www.germanwatch.org*

AUSKUNFT VOR DER REISE

RUSSLANDINFO
Kurfürstenstr. 112 | 10787 Berlin | Tel. 030 7 86 00 00 | www.russlandinfo.de

RUSSISCHE BOTSCHAFT IN DEUTSCHLAND
Unter den Linden 63–65 | 10117 Berlin | Tel. 030 2 29 11 10 | www.russische-botschaft.de

Von Anreise bis Zoll

Urlaub von Anfang bis Ende: die wichtigsten Adressen und Informationen für Ihre Moskaureise

GENERALKONSULATE RUSSLANDS IN DEUTSCHLAND

– *Bonn (Mo–Fr 8.30–13.30 Uhr | Waldstr. 42 | 53177 Bonn | Tel. 0228 3 86 79-30 und 0228 3 86 79-31 | www.ruskonsulatbonn.de)*
– *Frankfurt am Main (Mo–Fr 9–13 Uhr | Eschenheimer Anlage 33/34 | 60318 Frankfurt am Main | Tel. 069 4 30 08 26 11 | www.ruskonsulatfrankfurt.de)*
– *Hamburg (Mo–Fr 9–12 Uhr | Am Feenteich 20 | 22085 Hamburg | Tel. 040 2 29 52 01 oder 040 2 29 53 01 | www.generalkonsulat-rus-hamburg.de)*
– *Leipzig (Mo–Fr 8.30–13 Uhr | Turmgutstr. 1 | 04155 Leipzig | Tel. 0341 5 85 18 76 oder 0341 5 90 29 23 | www.ruskonsulatleipzig.de)*
– *München (Mo–Fr 9–13 Uhr | Maria-Theresia-Str. 17 | 81675 München | Tel. 089 59 25 03 | www.ruskonsmchn.mid.ru)*

Die Generalkonsulate haben an den russischen Feiertagen generell geschlossen.

RUSSISCHE BOTSCHAFT IN ÖSTERREICH

Reisnerstr. 45–47 | 1030 Wien | Tel. 01 7 12 12 29 | www.rusemb.at

RUSSISCHES KONSULAT

Bürgelsteinstr. 2 | 5020 Salzburg | Tel. 0662 62 41 84

RUSSISCHE BOTSCHAFT IN DER SCHWEIZ

Brunnadernrain 37 | 3006 Bern | Tel. 031 3 52 05 66 | www.switzerland.mid.ru

Die Konsularabteilungen der russischen Botschaften haben ausschließlich vormittags geöffnet.

AUSKUNFT IN MOSKAU

TOURIST INFORMATION CENTER
Ein neu eingerichtetes Callcenter für Touristen aus dem Westen erteilt für alle Lebenslagen kompetent Auskünfte auf Englisch (oder aber auch Russisch). Die Hotline kann unter Umständen auch als Notrufnummer sehr hilfreich sein. *Tel. 80 02 20 00 01 und 80 02 20 00 02*

BANKEN & GELDWECHSEL

Im Zentrum gibt es an jeder Ecke Wechselstuben und Geldautomaten *(bankomat)*, oft auch in den Geschäften. An den Geldautomaten können Sie sowohl Dollar als auch Rubel abheben. Die Gebühr liegt zwischen 3,50 und 5 Euro – aber es kann auch deutlich mehr werden. Auch internationale Kredit- und Geldkarten werden in vielen Geschäften und den meisten Hotels akzeptiert.

BOOTSTOUREN

Die überdachten Boote der ● *Radisson-Flotte (www.radisson-cruise.ru)* starten täglich, auch im Winter, um 15, 17 und 20 Uhr (Sa/So auch 13 und 21 Uhr) vor dem *Hotel Ukraina* (131 A1) *(₪ B10)*. Eine Tour dauert 2,5 Stunden, kostet 900 Rubel und streift u. a. das Neujungfrauenkloster, den Gorki-Park und den Kreml. Von dort geht es wieder zurück. Eine günstigere und kürzere Variante von 90 Minuten bietet die *Städtische Schiffsgesellschaft (450 Rubel | www.cck-ship.ru)* an. Die Boote verkehren von Mai bis Oktober von 11 bis 21 Uhr im 20-Minuten-Takt vom *Kiewer Bahnhof* (132 A3) *(₪ B12)* bis zur Novospasskij-Brücke.

DIPLOMATISCHE VERTRETUNGEN

BOTSCHAFT DER BUNDESREPUBLIK DEUTSCHLAND

Hauptstelle (U B4) (ɱ 0) (Mosfilmowskaja Uliza 56 | Tel. 495 9 37 95 00 | www.moskau.diplo.de); Visa- und Konsularabteilung (U A6) (ɱ 0) (Leninskij Prospekt 95a | Tel. 495 9 33 43 11)

WAS KOSTET WIE VIEL?

Kaffee	4 Euro für einen Cappuccino im Café
Wodka	4 Euro für eine 0,5-l-Flasche
Museum	3–8 Euro für ein Ticket
Souvenir	ab 10 Euro für eine Matrjoschka
Bliny	4 Euro für eine Portion
Metro	ca. 90 Cent für eine Fahrkarte

BOTSCHAFT DER REPUBLIK ÖSTERREICH

Hauptstelle (133 D3) (ɱ E12) (Starokonjuschenny Pereulok 1 | Tel. 495 7 80 60 66 | www.aussenministerium.at/moskau); Visa- und Konsularabteilung (132 C3) (ɱ D12) (Bolschoj Lewschinski Pereulok 7 | Tel. 495 9 56 16 60)

BOTSCHAFT DER SCHWEIZ

Hauptstelle (130 C4) (ɱ K8) (Serpov Pereulok 6 | Tel. 495 2 58 38 30 | www.eda.admin.ch/moscow); Visa- und Konsularabteilung (133 E3) (ɱ F12) (Pretschistenskaja Nabereschnaja 31 | Tel. 499 6 81 13 52)

EINREISE

Visa stellen gegen Vorlage einer formgerechten Einladung oder Buchungsbestätigung und eines nach Reiseende noch sechs Monate gültigen Reisepasses die russischen Konsulate aus. Die Visabeschaffung wird von Reisebüros übernommen. In Moskau müssen Sie sich innerhalb von sieben Arbeitstagen registrieren; meist machen das Hotel oder Gastgeber; Individualreisende können sich auch auf jedem Postamt registrieren lassen. Bei Einreise wird eine Migrationskarte ausgefüllt und abgestempelt, die bei der Ausreise wieder abzugeben ist.

FAHRRADVERLEIH

An rund 30 Stationen im Zentrum stehen Mai–Okt. die Leihräder von ● *Velobike*. Die erste halbe Stunde ist kostenlos, bis zu zwei Stunden kosten 90 Rubel. Die leuchtend roten Räder können an jeder Station wieder abgestellt werden. Radfahrer registrieren sich unter *www.velobike.ru* (lt. Betreiber ab 2014 mit englischer Websiteversion), zahlen mit Kreditkarte und erhalten einen Pin, der die Schlösser an den Stationen öffnet. Für die Registrierung ist ein Handy nötig, für den Ausleih nicht. Auf der Homepage ist eine Karte mit der Verfügbarkeit an den Stationen abrufbar.

GESUNDHEIT

MEDIZINISCHE VERSORGUNG

European Medical Center (128 C5) (ɱ E9) (24 Std. Bereitschaft | Spiridonewskij Pereulok 5 | Tel. 495 9 33 66 55 | www.emcmos.ru | Metro 7 Puschkinskaja)

ZAHNÄRZTLICHE HILFE

German Dental Center (U E3) (ɱ 0) (Mo–Sa 9–21 Uhr | Wolotschajewska-

PRAKTISCHE HINWEISE

ja Uliza 2/1 | Tel. 495 7374466 | www.gdmc.ru | Metro 8 Ploschad Iljitscha)

APOTHEKEN

Apotheken sind in Moskau im Zentrum auf Schritt und Tritt zu finden. Sie sind meist rund um die Uhr geöffnet. Viele Medikamente bekommen Sie rezeptfrei.

KARTENVORVERKAUF

Theater- und Konzertkarten bekommen Sie über das Servicebüro Ihres Hotels. Recht gute Chancen auf Eintrittskarten haben Sie auch eine halbe Stunde vor der Vorstellung vor den Theatern, wo Privatleute überzählige Tickets verkaufen.

ÖFFENTLICHE VERKEHRSMITTEL

Die Metro *(www.mosmetro.ru)* ist 6–1 Uhr das schnellste Verkehrsmittel. Im Berufsverkehr (7–9, 18–20 Uhr) ist sie allerdings immer hoffnungslos überfüllt. An der Kasse oder am Automaten (max. 2 Fahrten) im Vorraum der Stationen kaufen Sie Magnetkarten *(Einzelfahrt 40 Rubel)*, die an den Schranken an eine Kontaktfläche gehalten werden. Sobald das grüne Licht aufleuchtet, gehen Sie bitte zügig durch die Tore, sonst könnte Ihnen die Sperre an die Beine schlagen. Mit einem Ticket dürfen Sie beliebig lange fahren, solange Sie die Metro nicht verlassen. Es gibt auch 10er-Karten zu kaufen. Moskauer Busse verkehren 5–2 Uhr. In Bus und Straßenbahn gibt es die Fahrkarten *(40 Rubel)* direkt beim Fahrer oder Schaffner. An einigen Knotenpunkten der Metro kann die gleiche Station anders heißen, je nachdem, von wo Sie kommen. An der Twerskaja können Sie beispielsweise von der grünen in die lila Linie (Puschkinskaja) oder graue Linie (Tschechowskaja) umsteigen.

ÖFFNUNGSZEITEN

Einheitliche Öffnungszeiten gibt es nicht. Lebensmittelläden haben meist 24 Std. geöffnet, andere Geschäfte 10–21 Uhr, Boutiquen machen oft erst um 11 Uhr auf. Kaufhäuser, Einkaufszentren, Boutiquen und Kioske schließen meist um 22 Uhr oder sind 24 Std. lang geöffnet. Märkte: *Mo–Sa 8–19, So 8–16 Uhr*

POST

Die russische Post gilt als sehr langsam und unzuverlässig. Ansichtskarten kaufen Sie am besten auf dem *Alten Arbat* (132–133 C–D2) *(M D–E11)*. Eine Briefmarke kostet 21 Rubel und kann nur auf den Postämtern gekauft werden. Briefkästen gibt es kaum. Sie sind genau wie die Postämter blau. Postkarten können Sie auch auf jedem Postamt loswerden, die in der Regel Mo–Fr 8–20, Sa 9–18, So 9–14 Uhr geöffnet haben. Zentrale Filialen liegen z. B. am *Neuen Arbat* (133 D1) *(M E10)* (Nowij Arbat 2) und nahe dem Kaufhaus GUM an der *Nikolskaja* (127 D2) *(M H10)* (Nikolskaja Uliza 7).

PREISE

Die Preise für Grundnahrungsmittel sind vergleichsweise niedrig, da die Moskauer mit einem Durchschnittseinkommen von etwa 500 Euro auskommen müssen. Alles andere ist aber meist mindestens so teuer wie in Westeuropa.

REISEWETTER

Wegen des Kontinentalklimas können die Winter mit bis zu minus 30 Grad sehr kalt werden. Die angenehmsten Monate sind Juni bis August mit mildem bis warmem Wetter. Unangenehm feuchtkalt können die Übergangsmonate sein.

SCHRIFT

Das russische Alphabet geht auf den Apostel Kyrill (826–886) zurück. Unter Peter dem Großen und nach der Revolution wurde es vereinfacht und umfasst heute 33 Schriftzeichen. Viele gleichen den lateinischen, andere den griechischen Buchstaben. Versuchen Sie es einmal: Sie können leichter buchstabieren, als Sie meinen *(s. Kasten S. 120)*.

STADTRUNDFAHRT

Bei einer Pauschalreise ist meist eine Stadtrundfahrt inbegriffen, um sich einen ersten Eindruck zu verschaffen. Individualreisende können Besichtigungstouren in der Regel über das Servicebüro des Hotels buchen. Im Zentrum verkehren täglich im 20-Minuten-Takt auch rote, doppelstöckige *Sightseeingbusse* *(Dez.–März Mo–Fr 10–17.50, Sa/So 10–19 Uhr, April–Nov. Mo–Fr 10–18, Sa/So 10–19 Uhr | www.hoponhopoff.ru)*, die an 18 Sehenswürdigkeiten in der City halten und Audioguides in deutscher Sprache anbieten. Der Vorteil: Mit einer Tageskarte (600 Rubel) kann man an jeder Haltestelle aus- und wieder zusteigen. Die 70-minütige Runde beginnt am *Bolotnaja Platz* (133 F3) (*G12*).

TAXI

Die offiziellen Taxis sind oft knallgelb, aber nur selten frei. Wenn Sie am Straßenrand winken, halten aber auch viele Privatfahrer an, die mit Taxidiensten ihren Lebensunterhalt verdienen. Vor dem Einsteigen sollten Sie mit dem Fahrer Fahrtziel und Preis vereinbaren – und verzichten, falls er nicht allein im Auto sitzt. Für 10 Euro ist jedes Ziel im Zentrum er-

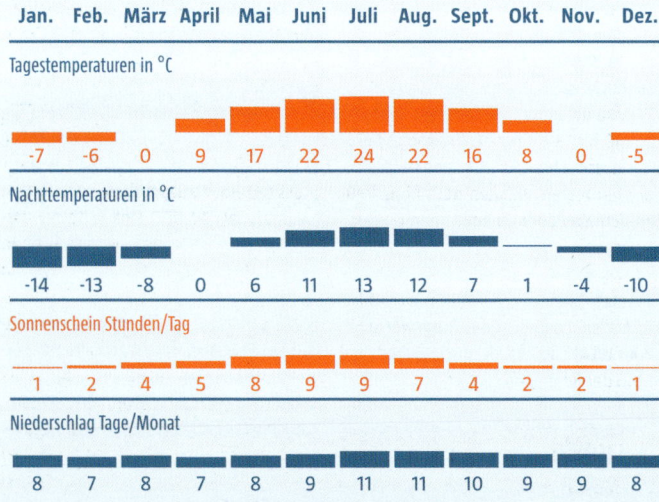

WETTER IN MOSKAU

	Jan.	Feb.	März	April	Mai	Juni	Juli	Aug.	Sept.	Okt.	Nov.	Dez.
Tagestemperaturen in °C	-7	-6	0	9	17	22	24	22	16	8	0	-5
Nachttemperaturen in °C	-14	-13	-8	0	6	11	13	12	7	1	-4	-10
Sonnenschein Stunden/Tag	1	2	4	5	8	9	9	7	4	2	2	1
Niederschlag Tage/Monat	8	7	8	7	8	9	11	11	10	9	9	8

PRAKTISCHE HINWEISE

reichbar. Versicherungsschutz gibt es in den Privatwagen natürlich nicht, es ist aber besser, als nachts allein nach Hause zu laufen. Einige Hotels bieten einen Taxiservice an. Oft ist wegen der Staus die Metro schneller. Eine Alternative sind tagsüber die Linientaxis. Für 20 bis 70 Rubel fahren die *Marschrutki* bestimmte Routen, halten aber auf Wunsch überall an. *Bestellung Offizielles Taxi (auch englischsprachig): Tel. 495 9 40 88 88*

WÄHRUNGSRECHNER

€	RUB	RUB	€
2	90,09	10	0,22
3	135,14	50	1,11
5	225,23	125	2,77
7	315,32	375	8,31
10	450,46	500	11,08
25	1126,14	1200	26,60
50	2252,28	2000	44,34
75	3378,42	7500	166,26
150	6756,84	13000	288,19

TELEFON & HANDY

Moskau wird in zwei Vorwahlzonen eingeteilt. Für alle alten Telefonanschlüsse gilt *495,* für neue *499*. Vom russischen Festnetz aus wählen Sie noch die 8 vorweg und warten das Freizeichen ab. Wenn Sie mit Ihrem eigenen Handy innerhalb Moskaus telefonieren, wählen Sie *+7 495* bzw. *+7 499*. Die Vorwahl für Deutschland ist *+49* oder *8-1049*. Entsprechend für die Schweiz *+41* bzw. *8-1041* und Österreich *+43* und *8-1043*. Es gibt automatisches Roaming für alle westeuropäischen Netze.

TRINKGELD

In Lokalen erwartet man ein Trinkgeld von 10 bis 15 Prozent. Garderoben in Lokalen und Theatern sind kostenlos, die Garderobieren, oft Rentnerinnen, freuen sich aber über einen kleinen Obolus.

WLAN

Fast alle Cafés und Restaurants verfügen über WLAN *(WiFi genannt)*. Die Nutzung ist in der Regel kostenlos.

ZEIT

Die Moskauer Zeit ist Mitteleuropa im Sommer um zwei Stunden voraus, im Winter sogar um drei, da die Zeitumstellung 2011 abgeschafft wurde.

ZEITUNGEN

In Hotels liegt oft gratis die englischsprachige „Moscow Times" aus. Freitags enthält sie einen Veranstaltungskalender mit allen Terminen für die folgende Woche. Zweimal im Monat erscheint außerdem die „Moskauer Deutsche Zeitung", monatlich die englischsprachige „Where Moscow". Deutsche Zeitungen bekommen Sie in vielen großen Hotels.

ZOLL

Eine Zolldeklaration für Devisenimport muss nur noch ausgefüllt werden, wenn Sie mehr als 10 000 Dollar nach Russland einführen. Bei der Ausreise können Sie bis zu 3000 Dollar ohne Deklaration mitnehmen. Antiquitäten und Kunstgegenstände dürfen nur mit Genehmigung des Kultusministeriums ausgeführt werden. Bei Rückkehr in die EU dürfen Sie insgesamt Waren im Wert von 175 Euro, 50 g Parfüm, 250 g Kaviar, 200 Zigaretten (oder 50 Zigarren oder 250 g Tabak) sowie 2 l Wein und 1 l Spirituosen zollfrei einführen.

SPRACHFÜHRER RUSSISCH

AUSSPRACHE

Zur Erleichterung der Aussprache sind alle russischen Wörter mit einer einfachen Aussprache (in der hinteren Spalte) versehen. Die betonte Silbe ist in der Aussprache immer durch ein Akzentzeichen ´ markiert. Der Buchstabe „y" in der Aussprache wird wie ein „u" ausgesprochen, wobei die Lippen nicht gerundet, sondern wie beim „i" gespannt werden.

AUF EINEN BLICK

ja/nein/vielleicht	Да/нет/можетбыть	dá/nét/mózhet byt
bitte/danke	Пожалуйста/спасибо	pozhálusta/spasibo
Entschuldigen Sie!	Извините!	Izwinítje!
Haben Sie ...?	У вас есть ...?	U wás jést ...?
Wie viel kostet ...?	Сколько стоит ...?	Skólko stóit ...?
Das gefällt mir (nicht).	Это мне (не) нравится.	Eto mnje (ne) nráwica.
gut/schlecht	хорошо/плохо	horoschó/plócho
kaputt/funktioniert nicht	сломан/не работает	slóman/ne rabótajet
viel/wenig	много/мало	mnógo/málo
Hilfe!/Achtung!	На помощь!/Внимание!	Na pómoschtsch!/Wnimánije!
Krankenwagen	Скорая помощь	Skóraja pómoschtsch
Polizei/Feuerwehr	полиция/пожарники	Polízija/Pozhárniki
Gefahr/gefährlich	опасность/опасно	opásnost/opásno

BEGRÜSSUNG UND ABSCHIED

Guten Morgen!/Tag!/Abend!	Доброе утро!/Добрый день!/Добрый вечер!	Dóbroje útro!/Dóbryj den!/Dóbryj wétscher!
Gute Nacht!	Спокойной ночи!	Spokójnoj nótschi!
Hallo!/Auf Wiedersehen!	Привет!/До свидания!	Priwét/Do swidánija!
Tschüss!	Пока!	Poká!
Ich heiße ...	Меня зовут ...	Menjá sowút ...
Wie heißen Sie?	Как Вас зовут?	Kak was sowút?

DATUMS- UND ZEITANGABEN

Montag/Dienstag	понедельник/вторник	ponedélnik/vtórnik
Mittwoch/Donnerstag	среда/четверг	sredá/tschetwérg
Freitag/Samstag	пятница/суббота	pjátniza/subbóta

Ты говоришь по-русски?

„Sprichst du Russisch?" Dieser Sprachführer hilft Ihnen, die wichtigsten Wörter und Sätze auf Russisch zu sagen

Sonntag	воскресенье	woskresénje
Feiertag	праздничный день	práznitschnyj den
heute/morgen/gestern	сегодня/завтра/вчера	segódnja/záwtra/wtscherá
Stunde/Minute	час/минута	tschás/minúta
Tag/Nacht/Woche	день/ночь/неделя	den/nótsch/nedélja
Wie viel Uhr ist es?	Который час?	Kotóryj tschás?

UNTERWEGS

offen/geschlossen	открыто/закрыто	otkrýto/zakrýto
Eingang/Ausgang	вход/выход	wchód/wjésd
Abfahrt/Abflug/Ankunft	отъезд/отлёт/прибытие	otjézd/otljót/pribýtije
Toiletten	туалет	tualét
(kein) Trinkwasser	(нет) питьевой воды	(net) pitjewój wodý
Wo ist ...?	Где находится ...?	Gdje nachodíca ...?
links/rechts	налево/направо	naléwo/napráwo
geradeaus/zurück	прямо/назад	prjámo/nasád
nah/weit	близко/далеко	blísko/dalekó
Bus/Straßenbahn	автобус/трамвай	awtóbus/tramwáj
U-Bahn/Taxi	метро/такси	metró/taxí
Bushaltestelle	автобусная остановка	awtóbusnaja ostanówka
Taxistand	стоянка такси	stojánka taxí
Bahnhof/Hafen	вокзал/порт	woksál/port
Flughafen	аэропорт	aeropórt
Reiseroute/Fahrschein	маршрут/билет	marschrút/bilét
Zug/Gleis	поезд/путь	pópjezd/put
Bahnsteig	платформа	platfórma
Ich möchte ... mieten.	Я хочу взять напрокат ...	Ja hotschý wzjat naprokát ...
ein Boot/ein Fahrrad	лодку/велосипед	lódku/welosipéd

ESSEN UND TRINKEN

Reservieren Sie uns bitte für heute Abend einen Tisch für vier Personen.	Забронируйте нам пожалуйста сегодня на вечер стол на четыре человека.	Sabronírujte nam pozhálusta segódnja na wétscher stol na tschetýre tschelowéka.
Die Speisekarte, bitte.	Меню пожалуйста.	Menjú pozhálusta.
Könnte ich bitte ... haben?	Вы не принесёте мне ...?	Wy ne prinesjóte mne ...?
Vegetarier/Allergie	вегетарианец/аллергия	wegetarianéz/alergíja
Ich möchte zahlen, bitte.	Я хочу заплатить.	Ja hotschý zaplatít.

EINKAUFEN

Ich möchte .../Ich suche ...	Я хочу .../Я ищу ...	Ja hotschú .../Ja ischtschú ...
Apotheke	аптека	aptéka
Einkaufszentrum	торговый центр	torgówyj zéntr
Kiosk	киоск	kiósk
teuer/billig/Preis	дорого/дёшево/цена	dorogó/deschjówo/zena
mehr/weniger	больше/меньше	bólsche/ménsche

ÜBERNACHTEN

Ich habe ein Zimmer reserviert.	У меня забронирован номер.	U menjá sabronírowan nómer.
Haben Sie noch ...?	У вас есть ещё ...?	U was jest jeschtschjó ...?
Einzelzimmer	одноместный номер	odnoméstnyj nómer

ALPHABET UND UMSCHRIFT

Kyrillischer Buchstabe	Trans- kription	Trans- literation	Kyrillischer Buchstabe	Trans- kription	Trans- literation
А а	a	a	С с	s	
Б б	b		Т т	t	
В в	w	v	У у	u	
Г г	g		Ф ф	f	
Д д	d		Х х	ch	h
Е е	e/je		Ц ц	z	
Ё ё	jo		Ч ч	tsch	č
Ж ж	sch	ž	Ш ш	sch	š
З з	s	z	Щ щ	schtsch	šč
И и	i		Ъ ъ		
Й й	j			„harte" Aussprache	
К к	k		Ы ы	y	
Л л	l		Ь ь		
М м	m			„weiche" Aussprache	
Н н	n		Э э	e	
О о	o		Ю ю	ju	
П п	p		Я я	ja	
Р р	r				

In diesem Band finden Sie zwei Arten der Umschrift: Für den Text die lautgerechte Übertragung in das lateinische Alphabet; für die Karten die Transliteration, bei der im kyrillischen Alphabet das sogenannte Háček, sprich Hatschk (ein nach oben offener Winkel über dem Buchstaben), einen Zischlaut angibt.

SPRACHFÜHRER

Doppelzimmer	двухместный номер	dwuchméstnyj nómer
Frühstück/Halbpension	завтрак/полупансион	sáwtrak/polupansión
Dusche/Bad	душ/ванна	dúsch/wánna
Schlüssel/Zimmerkarte	ключ/карта-ключ	kljútsch/kárta-kljútsch
Gepäck/Koffer	багаж/чемодан	bagázh/tschemodán

BANKEN UND GELD

Bank/Geldautomat	банк/банкомат	bánk/bankomát
Geheimzahl	пин код	pin códe
Ich möchte … wechseln.	Я хочу поменять …	Ja hotschú pomenját …
bar/Kreditkarte	наличные/кредитная карта	nalítschnyje/kredítnaja kárta

GESUNDHEIT

Arzt/Zahnarzt/Kinderarzt	врач/зубной врач/детский врач	wrátsch/subnój wrátsch/détskij wrátsch
Krankenhaus/Notfallpraxis	больница/скорая помощь	bolníca/skoraja pómoschtsch
Fieber/Schmerzen	температура/боли	temperatúra/bóli
Durchfall/Übelkeit	понос/тошнота	ponós/toschnotá
Schmerzmittel	средство от боли	srédstwo ot bóli

TELEKOMMUNIKATION & MEDIEN

Briefmarke	почтовая марка	pótschtowaja márka
Telefonkarte fürs Festnetz	телефонная карта для стационарной сети	telefónnja kárta dlja stacionarnoj séti
Prepaidkarte fürs Handy	СИМ-карта для моего мобильника	SIM-kárta dlja mojéwo mobílnika
Ladegerät	зарядное устройство	sarjádnoje ustrójstwo
WLAN	беспроводной интернет	besprowódnoj intérnet

ZAHLEN

0	ноль	nol	10	десять	désjat
1	один	odín	11	одиннадцать	odínadzat
2	два	dwa	12	двенадцать	dwenádzat
3	три	tri	20	двадцать	dwázat
4	четыре	tschetýre	50	пятьдесят	pidissját
5	пять	pjat	100	сто	sto
6	шесть	schest	200	двести	dwésti
7	семь	sem	1000	тысяча	týsjatscha
8	восемь	wósem	½	одна вторая	odná wtorája
9	девять	déwjat	¼	одна четвертая	odná tschétwörtaja

121

EIGENE NOTIZEN

MARCO ✦ POLO

Unser Urlaub

Web • Apps • eBooks

Die smarte Art zu reisen

Jetzt informieren unter:

www.marcopolo.de/digital

Individuelle Reiseplanung,
interaktive Karten, Insider-Tipps.
Immer, überall, aktuell.

CITYATLAS

Die grüne Linie ▬▬ **zeichnet den Verlauf der Stadtspaziergänge nach**

Der Gesamtverlauf dieser Spaziergänge ist auch in der herausnehmbaren Faltkarte eingetragen

Bild: Das Weiße Haus, Sitz des russischen Parlaments

Unterwegs in Moskau

Die Seiteneinteilung für den Cityatlas finden Sie auf dem hinteren Umschlag dieses Reiseführers

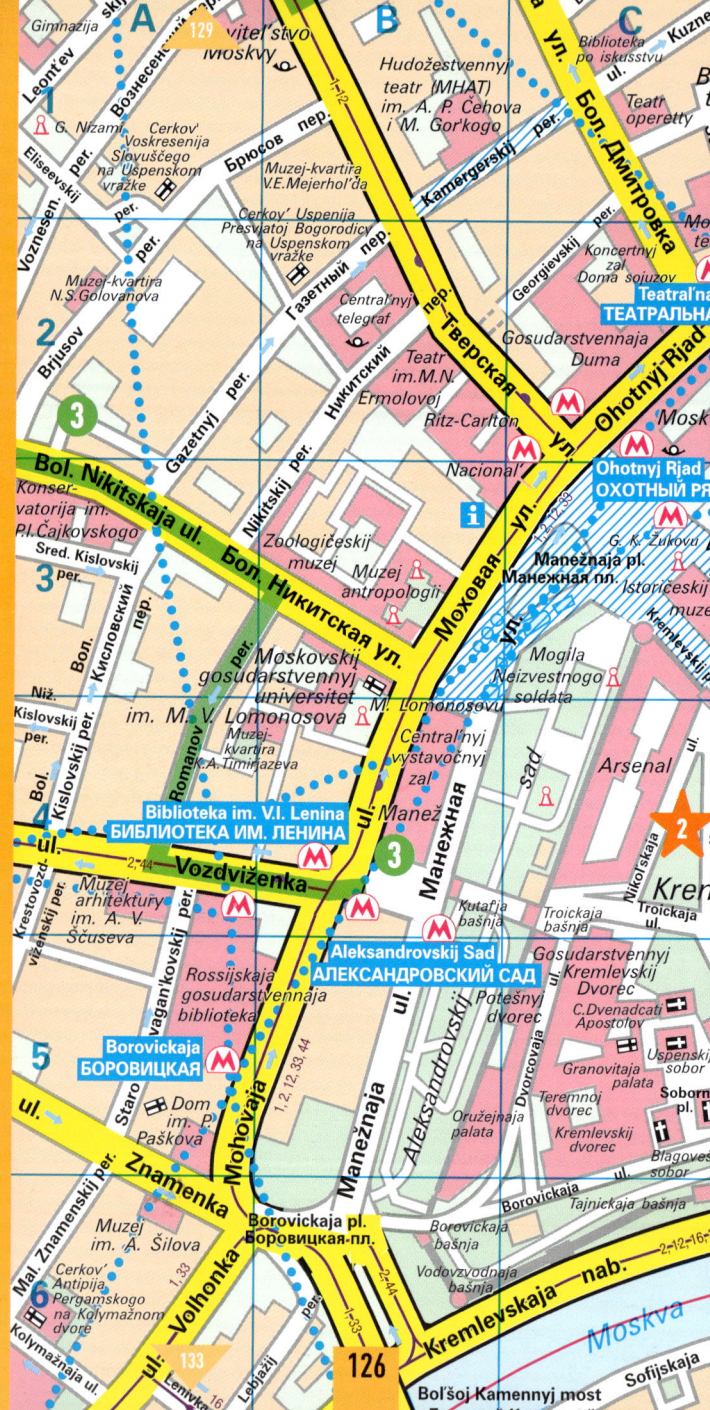

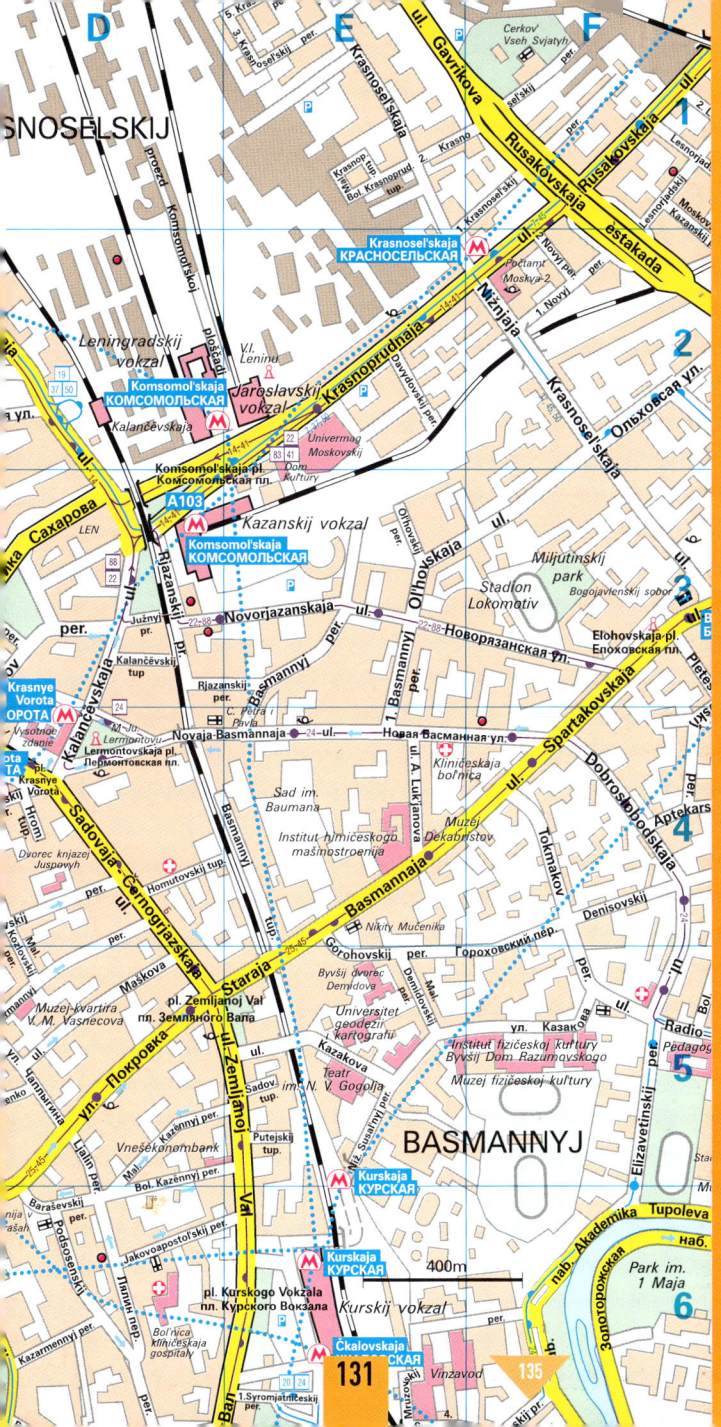

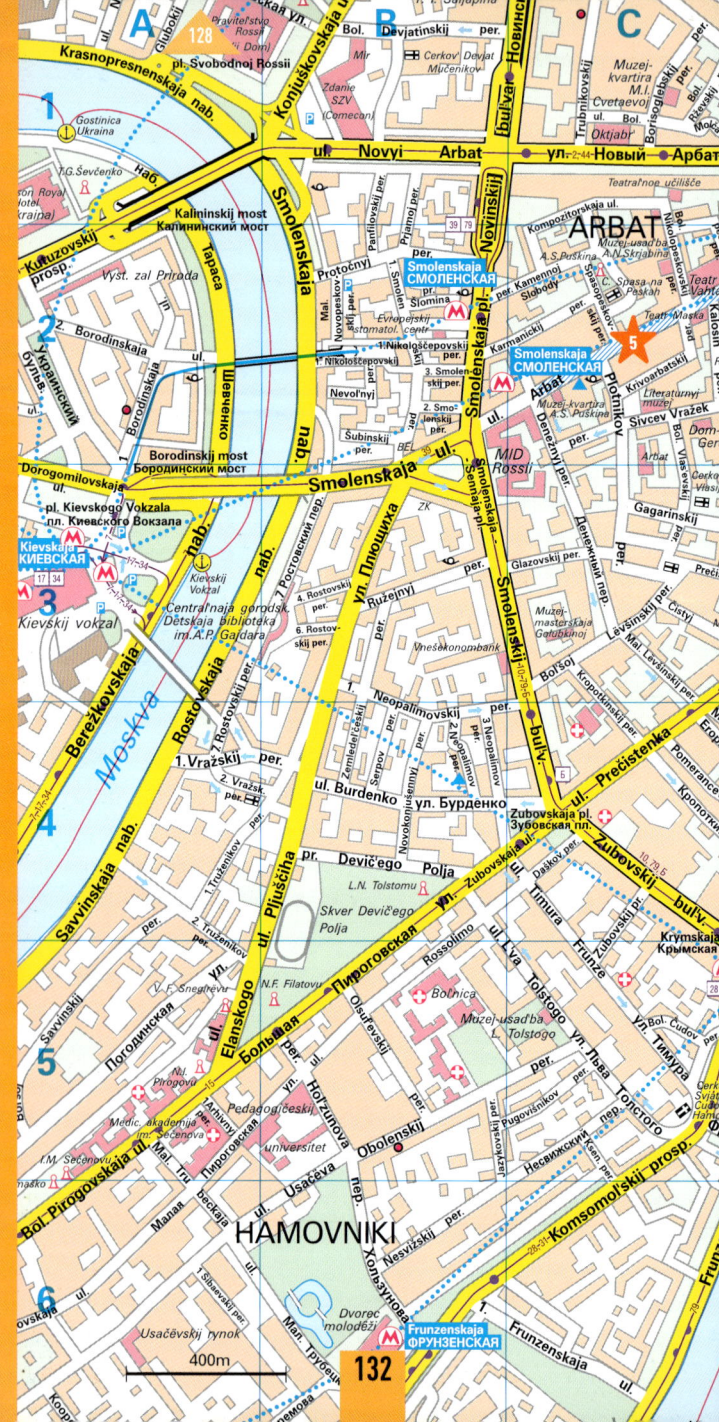

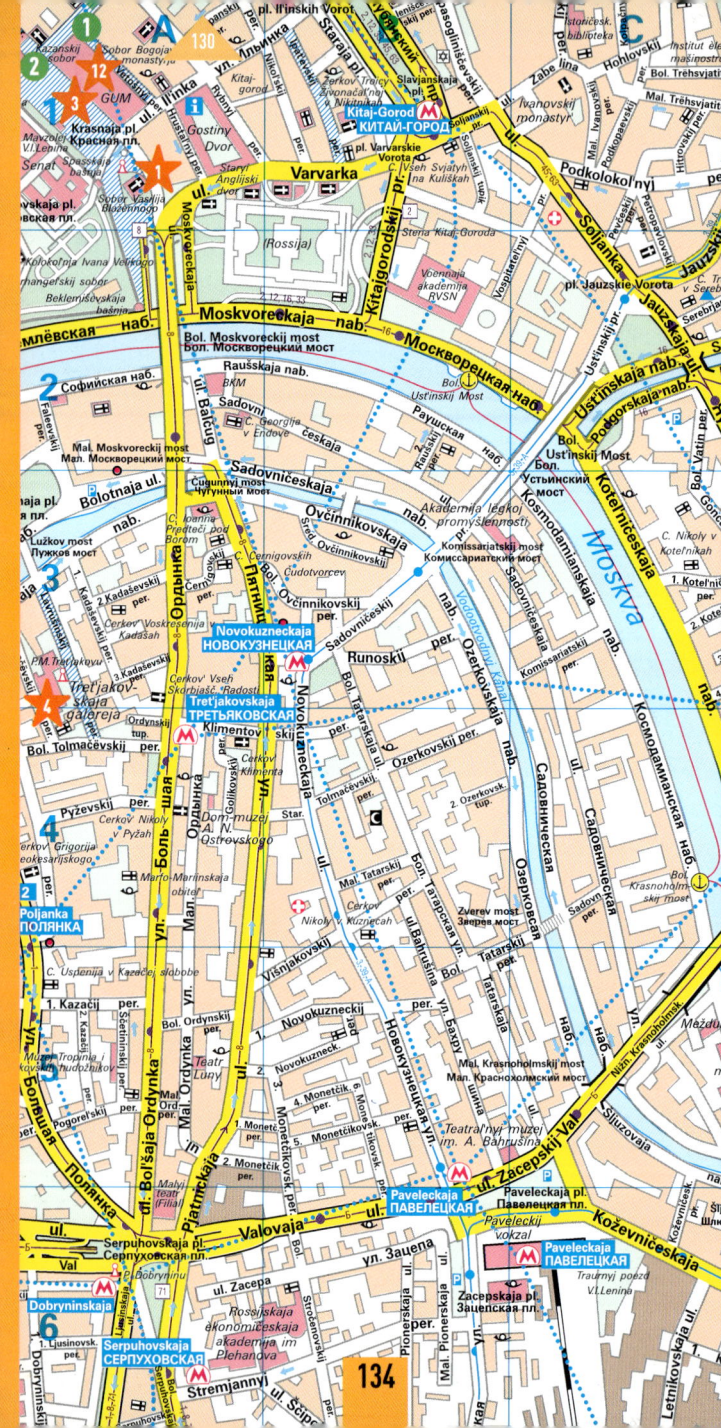

Das Register enthält eine Auswahl der im Cityatlas dargestellten Straßen und Plätze

A
Abel'manovskaja ul. **135/F4-F5**
Akademika Saharova prosp. **130/C4-131/D3**
Aleksandra Nevskogo, ul. **128/C2**
Anan'evskij per. **130/B3**
Andron'evskaja pl. **135/F3**
Arbat, ul. **132/B2-133/D1**
Arbatskie Vorota, pl. **133/D1**
Arbatskij per. **133/D1**
Arhangel'skij per. **130/C5**
Armianskij per. **130/B5-C6**

B
Bab'egorodskij per., 1 **133/E5**
Balčug, ul. **134/A2**
Barrikadnaja ul. **128/B5-C6**
Barykovskij per. **133/D3**
Berežkovskaja nab. **132/A3-A4**
Bernikovskaja nab. **134/C2-135/D2**
Bersenevskaja nab. **133/E3-E4**
Birževaja pl. **127/E3**
Bogojavlenskij per. **127/D3-E3**
Bogoslovskij per. **129/D5**
Bol. Pirogovskaja ul. **132/A6-C4**
Bol. Znamenskij per. **133/E2-D3**
Bolotnaja nab. **133/E4-F3**
Bolotnaja ul. **133/F3-F4**
Bol'šaja Bronnaja ul. **129/D5**
Bol'šaja Dmitrovka, ul. **126/C2-129/E4**
Bol'šaja Dorogomilovskaja ul. **132/A3**
Bol'šaja Gruzinskaja ul. **128/B5-C3**
Bol'šaja Jakimanka, ul. **133/E5-E6**
Bol'šaja Lubjanka, ul. **127/E1-130/B4**
Bol'šaja Molčanovka, ul. **132/C1**
Bol'šaja Nikitskaja, ul. **126/B3-128/C6**
Bol'šaja Ordynka, ul. **134/A3-A6**
Bol'šaja Perejaslavskaja ul. **130/C1**
Bol'šaja Pirogovskaja ul. **132/A6-B4**
Bol'šaja Poljanka, ul. **133/F3-F6**
Bol'šaja Sadovaja ul. **128/C4-129/D4**
Bol'šaja Serpuhovskaja ul. **134/A6**
Bol'šaja Spasskaja ul. **130/C3-131/D2**
Bol'šaja Tatarskaja, ul. **134/B3-B5**
Bol'šie Kamenščiki, ul. **134/D4-D5**
Bol'šaja Afanas'evskij per. **133/D2-D3**
Bol'šoj Čerkasskij per. **127/E2-E3**
Bol'šoj Gnezdnikovskij per. **129/E5**
Bol'šoj Golovin per. **130/A4-B4**
Bol'šoj Hariton'evskij per. **130/C5-131/D4**
Bol'šoj Karetnyj per. **129/F3**
Bol'šoj Kisel'nyj per. **130/A4-B5**
Bol'šoj Kislovskij per. **126/A3-A4**
Bol'šoj Kozihinskij per. **128/C4-129/D5**
Bol'šoj Krasnoholmskij most **134/C5-135/D4**
Bol'šoj Levšinskij per. **132/C3**
Bol'šoj Moskvoreckij most **127/E6**
Bol'šoj Ovčinnikovskij per. **134/B3**
Bol'šoj Palaševskij per. **129/D5**
Bol'šoj Patriaršij per. **128/C5**
Bol'šoj Rževskij per. **132/C1**
Bol'šoj Sergievskij per. **130/A4-B4**
Bol'šoj Spasoglinščevskij per. **130/B5/B1**
Bol'šoj Suharevskij per. **130/A3-B3**
Bol'šoj Tatarskij per. **134/B5**
Bol'šoj Tolmačevnskij per. **134/A4**
Bol'šoj Trëhsvjatitel'skij per. **134/C1**
Bol'šoj Ust'inskij most **134/C2**
Bol'šoj Zlatoustinskij per. **127/F1**
Bol'šoj Kamennyj most **126/B6**

Borisoglebskij per. **132/C1**
Borodinskij most **132/A3-B3**
Borovickaja pl. **126/B6**
Brestskaja ul., 1 **128/C2-129/D3**
Brjusov per. **126/B1-A2**
Brodnikov per. **133/F4**
Butikovskij per. **133/D4**
Butyrskij Val, ul. **128/C1-C2**

C
Černigovskij per. **134/A3**
Čistoprudnyj bul'var **130/C5**
Čugunnyj most **134/A3**
Cvetnoj bul'var **130/A3-A4**

D
Daev per. **130/B3-C4**
Devjatkin per. **130/C6**
Dmitrovskij per. **129/F5**
Dolgorukovskaja ul. **129/D2-E3**
Dostoevskogo, ul. **129/E1-F1**
Durova, ul. **130/A1-B2**

E
Elanskogo ul. **132/A5**
Eliseevskij per. **126/A1**
Ermolaevskij per. **128/C5-129/D4**

F
Fadeeva, ul. **129/D2-D3**
Faleevskij per. **134/A2**
Filippovskij per. **133/D2**
Frunzenskaja nab. **132/C6-133/D5**
Furkasovskij per. **130/B5**

G
Gagarinskij per. **132/C3-133/D3**
Gašeka, ul. **128/C3-C4**
Gazetnij per. **126/B2-B3**
Georgievskij per. **126/C1-C2**
Giljarovskogo, ul. **130/B1-B3**
Gliniščevskij per. **129/E5**
Gogolevskij bul'var **132/D2-D3**
Golikovskij per. **134/A4**
Golutvinskij per., 1 **133/E4-F4**
Gončarnaja nab. **134/C2**
Gončarnaja ul. **134/C3-135/D4**
Gončarnyj per., 1 **135/D4**
Gončarnyj per. **135/D4**
Granatnyj per. **128/C5-129/D6**
Grohol'skij per. **130/B2-131/D2**
Gruzinskij Val ul. **128/B3**

H
Hitrovskij per. **134/C1**
Hlynovskij tupik **129/D6-F6**
Hohlovskaja ul. **130/C6**
Hohlovskij per. **130/C6**
Hrustal'nyj per. **127/E4**
Hvostov per., 1 **133/F5**

I
Il'inka, ul. **127/F3-D4**
Il'inskih Vorot, pl. **130/B6**
Il'inskij per. **127/F2-F3**
Ipat'evskij per. **127/F3-F4**
Ivanovskij per. **126/C4-127/D4**

J
Jakimanskaja nab. **133/E4-F3**
Jauzskaja ul. **134/C2-135/D4**
Jauzskih Vorot, pl. **134/C2**
Jauzskij bul'var **134/C1-C2**

K
Kadaševskaja nab. **133/F3-134/A3**
Kadaševskij per., 1 **134/A3**

Kalančevskaja ul. **130/C2-131/D4**
Kalašnyj per. **129/D6**
Kalininskij most **132/A1**
Kalužskaja pl. **133/E6-F6**
Kamergerskij per. **126/B1-C1**
Karetnyj Rjad, ul. **129/E3**
Kazačij per., 1 **134/A5**
Kazanskij per. **133/F5-F6**
Kitajgorodskij pr. **130/B1-B2**
Klimentovskij per. **134/A4-B4**
Kolobovskij per., 1 **129/F4**
Kolpačnyj per. **130/C6**
Kolymažnaja ul. **126/B6-133/D2**
Komissariatskij most **134/B3**
Komissariatskij per. **134/C3**
Kompozitorskaja ul. **132/C1**
Komsomol'skij prosp. **132/B6-C5**
Konjuškovskaja ul. **128/B6-132/B1**
Koptel'skij per., 1 **130/C2-C3**
Korobejnikov per. **133/D4**
Korovij Val, ul. **133/F6**
Kosmodamianskaja nab. **134/C3-C4**
Kostjanskij per. **130/B4**
Kotel'ničeskaja nab. **134/C3**
Kotel'ničeskij per., 1 **134/C3**
Koževničeskaja ul. **134/C6-135/D6**
Kozickij per. **129/E4-E5**
Krapivenskij per. **129/F4**
Krasnaja pl. **127/D4**
Krasnaja Presnja ul. **128/A5-B5**
Krasnoholmskaja nab. **135/D5-D6**
Krasnopresnenskaja nab. **132/A1**
Krasnoproletarskaja ul. **129/E2-E3**
Krasnoprudnaja ul. **131/E2-F1**
Krasnye Vorota, pl. **131/D4**
Kremlevskaja nab. **126/B6-127/D6**
Kremlëvskij pr. **126/C3**
Krest'janskaja Zastava, pl. **135/F5**
Krestovozdviženskij per. **126/A4-133/E2**
Krivokolennyj per. **130/B5-C5**
Krutickij 3. pr. **135/E6**
Krutickij per., 3 **135/E6**
Krymskaja nab. **133/D5-E6**
Krymskaja pl. **132/C5**
Krymskij most **133/D5**
Krymskij Val, ul. **133/E5-E6**
Kudrinskaja pl. **128/C6**
Kursovoj per. **133/E3-E4**
Kuzneckij Most, ul. **126/C1-130/A1**

L
Lavrušinskij per. **133/F3-F4**
Lebjažij per. **126/B6**
Leningradskij prosp. **128/A1-B2**
Leninskij prosp. **133/E6**
Lenivka, ul. **133/E2**
Leont'evskij per. **126/A1-129/D5**
Lesnaja ul. **128/C2-129/D1**
Ljusinovskaja ul. **134/A6**
Lubjanskaja pl. **127/E1-F1**
Lubjanskij proezd **127/F2-134/B1**
Lučnikov per. **130/B6**

M
Malaja Bronnaja ul. **128/C4-129/D6**
Malaja Dmitrovka, ul. **129/E3-E4**
Malaja Jakimanka, ul. **133/F4**
Malaja Lubjanka, ul. **130/B5**
Malaja Molčanovka **132/C1-133/D1**
Malaja Nikitskaja, ul. **128/C6-129/D6**
Malaja Ordynka, ul. **134/A4-A5**
Malaja Poljanka, ul. **133/F4-F5**
Malyj Afanas'evskij per. **133/D2**
Malyj Čerkasskij per. **127/E2**
Malyj Gnezdnikovskij per. **129/E5**
Malyj Ivanovskij per. **134/C1**

STRASSENREGISTER

Malyj Kamennyj most **133/F3**
Malyj Kisel'nyj per. **130/A4-A5**
Malyj Kislovskij per. **129/D6**
Malyj Krasnoholmskij most **134/C5**
Malyj Moskvoreckij most **134/A3**
Malyj Tolmačeǎnvskij per. **133/F3-F4**
Malyj Trëhsvjatitel'skij per. **134/C1**
Malyj Zlatoustinskij per. **130/B6**
Malyj Znamenskij per. **126/A6-133/E2**
Manežnaja ul. **126/C3-B6**
Manrž̌naja pl. **126/C3**
Mansurovskij per. **132/C4-133/D4**
Marksistskaja ul. **135/D4-F5**
Maronovskij per. **133/E5**
Marosejka, ul. **130/B6-C6**
Meščanskaja ul. **130/A3-B2**
Miljutinskij per. **130/B4-B5**
Mira, prosp. **130/B1-B3**
Miusskaja pl. **128/C2-129/D2**
Mjasnickaja ul. **127/F1-130/C4**
Mjasnickie Vorota, pl. **130/B4**
Mohovaja ul. **126/C3-A5**
Moskvoreckaja nab. **127/E5-134/C2**
Moskvoreckaja ul. **127/E5-130/A5**
Mytnaja ul. **133/F6**

N
Narodnaja ul. **135/D5**
Naščeǎnkinskij per. **133/D2-D3**
Nastas'inskij per. **129/E4**
Neglinnaja, ul. **127/D1-130/A5**
Nikitnikov per. **127/F4**
Nikitskih Vorot, pl. **129/D6**
Nikitskij bul'var **129/D6**
Nikitskij per. **126/B2-B3**
Nikolojamskaja ul. **134/C2-135/E3**
Nikol'skaja ul. **127/D3-E2**
Nikol'skij per. **127/F3-F4**
Nižegorodskaja ul. **135/F4**
Nižnij Kislovskij per. **126/A4**
Nižnjaja Krasnoholmskaja ul. **134/C5**
Novaja ul. **127/E2-F2**
Novinskij bul'var **132/B2-C1**
Novokuzneckaja ul. **134/B3-B5**
Novokuzneckij per., 1 **134/A5-B5**
Novoslobodskaja ul. **129/D1-D2**
Novospasskij per. **135/E5-E6**
Novosuščeǎnvskaja ul. **129/D1**
Novyj Arbat, ul. **132/B1-133/D1**

O
Obydenskij per., 1 **133/D3**
Ohotnyj Rjad **126/C2**
Olimpijskij prosp. **130/A1-A2**
Orlikov per. **131/D3**
Oružejnyj per. **129/D3-E3**
Ostoženka, ul. **133/D3-D4**
Ovčinnikovskaja nab. **134/B3**
Ozerkovskaja nab. **134/B3-C5**
Ozerovskij per. **134/B4**

P
Paliha, ul. **129/D1**
Pečatnikov per. **130/A4-B4**
Petropavlovskij per. **134/C1-C2**
Petroverigskij per. **130/B6-C6**
Petrovka, ul. **127/D1-129/F4**
Petrovskie Linii, ul. **127/D1**
Petrovskih Vorot, pl. **129/E4**
Petrovskij bul'var **129/F4**
Petrovskij per. **129/E4-F4**
Pevčeskij per. **134/C1-C2**
Pjatnickaja ul. **134/A3-A6**
Pljuščiha ul. **132/A5-B3**
Podgorskaja nab. **134/C2**
Podkolokol'nyj per. **134/C1**
Podkopaevskij per. **134/C1**
Podsosenskij per. **131/D6**

Pokrovka, ul. **130/C6-131/D5**
Pokrovskih Vorot, pl. **130/C6**
Pokrovskij bul'var **130/C6**
Politehn pr. **127/F2**
Potapovskij per. **130/C5-C6**
Povarskaja ul. **128/C6-133/D1**
Požarskij per. **133/D3-E4**
Prečistenka, ul. **132/C4-133/D3**
Prečistenskaja nab. **133/D5-E3**
Prečistenskie Vorota, pl. **133/D3**
Prečistenskij per. **132/C3-133/D3**
Presnenskij Val, ul. **128/A3-A4**
Protopopovskij per. **130/B1-C2**
Pušečnaja ul. **127/D1-E1**
Puškinskaja nab. **133/D5-D6**
Puškinskaja pl. **129/E4**
Pyževskij per. **134/A4**

R
Rahmanovskij per. **129/F4**
Rauškaja nab. **127/E6-134/B2**
Revoljucii, pl. **127/D2**
Rogožskij Val ul. **135/F4**
Romanov per. **126/B3-A4**
Rostovskaja nab. **132/A4-B3**
Roždestvenka, ul. **127/E1-130/A5**
Roždestvenskij bul'var **130/A4-B4**
Runovskij per. **134/B3**
Rusakovskaja ul. **131/F1**
Rusakovskaja èstakada **131/F1-F2**
Rybnyj per. **127/E3-F4**

S
Šabolovka, ul. **133/E6**
Sadovaja-černogrjazskaja ul. **131/D4-E5**
Sadovaja-Karetnaja ul. **129/E3**
Sadovaja-Kudrinskaja ul. **128/C4-C5**
Sadovaja-Samoteǎnvaja ul. **129/F3**
Sadovaja-Spasskaja ul. **130/C3-131/D4**
Sadovaja-Suharèvskaja ul. **130/A3-B3**
Sadovaja-Triumfal'naja ul. **129/D3-E3**
Sadovničeskaja nab. **134/A3-B3**
Sadovničeskaja ul. **127/E6-134/B3**
Samoteǎnčaja ul. **129/F3**
Samoteǎnčaja ul. **129/F2-F3**
Samoteǎnčnyj per., 1 **129/E2-F2**
Sandunovskij per. **130/A5**
Sarinskij per. **135/D6**
Savvinskaja nab. **132/A4-A5**
Selezněvskaja ul. **129/D2-F1**
Serafimoviča, ul. **133/E3-F3**
Serebrjaničeskaja nab. **134/C2-135/D2**
Serebrjaničeskij per. **134/C2-135/D2**
Sergija Radonežskogo, ul. **135/F3**
Serpuhovskaja pl. **134/A6**
Sivcev Vražek, per. **132/C2-133/D2**
Skarjatinskij per. **128/C6**
Skaternyj per. **128/C6-129/D6**
Slavjanskaja pl. **134/B1**
Šljuzovaja nab. **134/C5-C6**
Smolenskaja nab. **132/B1-B2**
Smolenskaja pl. **132/B2**
Smolenskaja ul. **132/B2-B3**
Smolenskij bul'var **132/B3-C4**
Sofijskaja nab. **126/C6-127/E6**
Sojmonovskij pr. **133/D3-E3**
Soljanka, ul. **134/B1-C1**
Soljanskij tupik **134/B1**
Spartakovskaja ul. **131/F3-F4**
Spasonalivkovskij per., 1 **133/F5**
Spiridon'evskij per. **128/C5-129/D5**
Spiridonovka, ul. **128/C5-129/D5**
Srednij Karetnyj per. **129/F3**
Srednij Kislovskij per. **126/A3**

Srednij Ovčinnikovskij per. **134/B3**
Sretenka, ul. **130/B3-B4**
Sretenskij bul'var **130/B4**
Staraja Basmannaja **131/E4-E5**
Staraja pl. **127/F3**
Starapimenovskij per. **129/D4-E3**
Starokonjušennyj per. **133/D2-D3**
Staromonetnyj per. **133/F3-F4**
Staropanskij per. **127/E3**
Starosadskij per. **130/C6**
Starovagan'kovskij per. **126/A4-A5**
Staryj Tolmačeǎnvskij per. **134/B4**
Stolešnikov per. **129/E5-F5**
Strastnoj bul'var **129/E4-F4**
Suharevskaja pl. **130/B3**
Suščevskaja, ul. **129/D1-E2**
Suvorovskaja pl. **129/F1**
Sverčkov per. **130/C5-C6**
Sytinskij per. **129/D5-E5**

T
Taganskaja ul. **135/D3**
Taganskaja pl. **135/E4-F4**
Tarasa Ševčenko nab. **132/A1-A2**
Teatral'naja pl. **127/D2**
Teatral'nyj per. **127/E2-D2**
Tret'jakovsk. per. **127/E2**
Triumfal'naja pl. **129/E3**
Troickaja ul. **130/A3**
Trubnaja pl. **130/A4**
Trubnaja ul. **130/A3-A4**
Trubnikovskij per. **132/C1**
Tverskaja ul. **129/E5**
Tverskaja ul. **126/C2-129/E5**
Tverskaja Zastava, pl. **128/C2**
Tverskaja-Jamskaja ul., 1 **128/C2-129/E4**
Tverskoj bul'var **129/D6-E5**
Tverskoj-Jamskoj per., 1 **129/D3**

U
Ulanskij per. **130/C4**
Uspenskij per. **129/E4**
Ust'inskaja nab. **134/C2**
Ust'inskij pr. **134/C2**

V
Valovaja ul. **134/A6-B6**
Varsonof'evskij per. **130/A5-B5**
Varvarka, ul. **127/E4-F4**
Varvarskie Vorota, pl. **134/B1**
Vasil'evskaja ul. **128/C3**
Verhnjaja Radiščevskaja ul. **135/D3**
Vetošnyj per. **127/D3-E4**
Višnjakovskij per. **134/A5-B4**
Volgogradskij prosp. **135/F5-F6**
Volhonka, ul. **126/A6-133/E2**
Voločaevskaja ul. **135/F2**
Voroncovo Pole, ul. **135/D1**
Voroncovskaja ul. **135/D4-F5**
Vorotnikovskij per. **129/D3-E4**
Vospitatel'nyj per. **134/B2-C1**
Vozdviženka, ul. **126/B4-133/D1**
Voznesenskij per. **126/A2-129/E6**
Vysokojauzskij most **135/D2**

Z
Zabelina, ul. **134/B1-C1**
Začat'evskij per., 1 **133/D4-E4**
Zacepskij Val, ul. **134/B6-C5**
Zemljanoj Val, ul. **131/D5**
Zemljanoj Val, ul. **131/E5-135/D3**
Žitnaja ul. **133/F6**
Znamenka, ul. **126/A6-133/D2**
Zubovskaja pl. **132/C4**
Zubovskaja ul. **132/B4-C4**
Zubovskij bul'var **132/C4**
Zvonarskij per. **130/A5**

139

KARTENLEGENDE

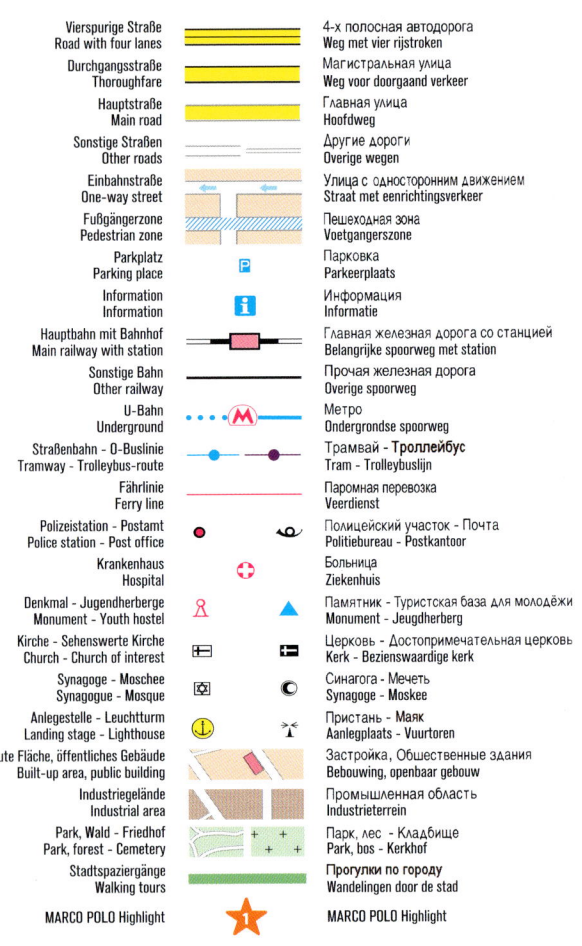

Vierspurige Straße	Road with four lanes	4-х полосная автодорога	Weg met vier rijstroken
Durchgangsstraße	Thoroughfare	Магистральная улица	Weg voor doorgaand verkeer
Hauptstraße	Main road	Главная улица	Hoofdweg
Sonstige Straßen	Other roads	Другие дороги	Overige wegen
Einbahnstraße	One-way street	Улица с односторонним движением	Straat met eenrichtingsverkeer
Fußgängerzone	Pedestrian zone	Пешеходная зона	Voetgangerszone
Parkplatz	Parking place	Парковка	Parkeerplaats
Information	Information	Информация	Informatie
Hauptbahn mit Bahnhof	Main railway with station	Главная железная дорога со станцией	Belangrijke spoorweg met station
Sonstige Bahn	Other railway	Прочая железная дорога	Overige spoorweg
U-Bahn	Underground	Метро	Ondergrondse spoorweg
Straßenbahn - O-Buslinie	Tramway - Trolleybus-route	Трамвай - Троллейбус	Tram - Trolleybuslijn
Fährlinie	Ferry line	Паромная перевозка	Veerdienst
Polizeistation - Postamt	Police station - Post office	Полицейский участок - Почта	Politiebureau - Postkantoor
Krankenhaus	Hospital	Больница	Ziekenhuis
Denkmal - Jugendherberge	Monument - Youth hostel	Памятник - Туристская база для молодёжи	Monument - Jeugdherberg
Kirche - Sehenswerte Kirche	Church - Church of interest	Церковь - Достопримечательная церковь	Kerk - Bezienswaardige kerk
Synagoge - Moschee	Synagogue - Mosque	Синагога - Мечеть	Synagoge - Moskee
Anlegestelle - Leuchtturm	Landing stage - Lighthouse	Пристань - Маяк	Aanlegplaats - Vuurtoren
Bebaute Fläche, öffentliches Gebäude	Built-up area, public building	Застройка, Общественные здания	Bebouwing, openbaar gebouw
Industriegelände	Industrial area	Промышленная область	Industrieterrein
Park, Wald - Friedhof	Park, forest - Cemetery	Парк, лес - Кладбище	Park, bos - Kerkhof
Stadtspaziergänge	Walking tours	Прогулки по городу	Wandelingen door de stad
MARCO POLO Highlight		MARCO POLO Highlight	

FÜR IHRE NÄCHSTE REISE ...

ALLE **MARCO POLO** REISEFÜHRER

DEUTSCHLAND
Allgäu
Bayerischer Wald
Berlin
Bodensee
Chiemgau/
  Berchtesgadener
  Land
Dresden/
  Sächsische
  Schweiz
Düsseldorf
Eifel
Erzgebirge/
  Vogtland
Föhr/Amrum
Franken
Frankfurt
Hamburg
Harz
Heidelberg
Köln
Lausitz/
  Spreewald/
  Zittauer Gebirge
Leipzig
Lüneburger Heide/
  Wendland
Mecklenburgische
  Seenplatte
Mosel
München
Nordseeküste
  Schleswig-
  Holstein
Oberbayern
Ostfriesische Inseln
Ostfriesland/
  Nordseeküste
  Niedersachsen/
  Helgoland
Ostseeküste
  Mecklenburg-
  Vorpommern
Ostseeküste
  Schleswig-
  Holstein
Pfalz
Potsdam
Rheingau/
  Wiesbaden
Rügen/Hiddensee/
  Stralsund
Ruhrgebiet
Sauerland
Schwarzwald
Stuttgart
Sylt
Thüringen
Usedom
Weimar

ÖSTERREICH SCHWEIZ
Berner Oberland/
  Bern
Kärnten
Österreich
Salzburger Land
Schweiz
Steiermark
Tessin
Tirol
Wien
Zürich

FRANKREICH
Bretagne
Burgund
Côte d'Azur/
  Monaco
Elsass
Frankreich
Französische
  Atlantikküste
Korsika
Languedoc-
  Roussillon
Loire-Tal
Nizza/Antibes/
  Cannes/Monaco
Normandie
Paris
Provence

ITALIEN MALTA
Apulien
Dolomiten
Elba/Toskanischer
  Archipel
Emilia-Romagna
Florenz
Gardasee
Golf von Neapel
Ischia
Italien
Italienische Adria
Italien Nord
Italien Süd
Kalabrien
Ligurien/Cinque
  Terre
Mailand/
  Lombardei
Malta/Gozo
Oberital. Seen
Piemont/Turin
Rom
Sardinien
Sizilien/Liparische
  Inseln
Südtirol
Toskana
Umbrien
Venedig
Venetien/Friaul

SPANIEN PORTUGAL
Algarve
Andalusien
Barcelona
Baskenland/
  Bilbao
Costa Blanca
Costa Brava
Costa del Sol/
  Granada
Fuerteventura
Gran Canaria
Ibiza/Formentera
Jakobsweg/
  Spanien
La Gomera/
  El Hierro
Lanzarote
La Palma
Lissabon
Madeira
Madrid
Mallorca
Menorca
Portugal
Spanien
Teneriffa

NORDEUROPA
Bornholm
Dänemark
Finnland
Island
Kopenhagen
Norwegen
Oslo
Schweden
Stockholm
Südschweden

WESTEUROPA BENELUX
Amsterdam
Brüssel
Cornwall und
  Südengland
Dublin
Edinburgh
England
Flandern
Irland
Kanalinseln
London
Luxemburg
Niederlande
Niederländische
  Küste
Schottland

OSTEUROPA
Baltikum
Budapest
Danzig
Krakau
Masurische Seen
Moskau
Plattensee
Polen
Polnische
  Ostseeküste/
  Danzig
Prag
Slowakei
St. Petersburg
Tallinn
Tschechien
Ukraine
Ungarn
Warschau

SÜDOSTEUROPA
Bulgarien
Bulgarische
  Schwarzmeer-
  küste
Kroatische Küste/
  Dalmatien
Kroatische Küste/
  Istrien/Kvarner
Montenegro
Rumänien
Slowenien

GRIECHENLAND TÜRKEI ZYPERN
Athen
Chalkidiki/
  Thessaloniki
Griechenland
  Festland
Griechische Inseln/
  Ägäis
Istanbul
Korfu
Kos
Kreta
Peloponnes
Rhodos
Samos
Santorin
Türkei
Türkische Südküste
Türkische Westküste
Zákinthos/Ithákí/
  Kefaloniá/Léfkas
Zypern

NORDAMERIKA
Alaska
Chicago und
  die Großen Seen
Florida
Hawai`i
Kalifornien
Kanada
Kanada Ost
Kanada West
Las Vegas
Los Angeles
New York
San Francisco
USA
USA Ost
USA Südstaaten/
  New Orleans
USA Südwest
USA West
Washington D.C.

MITTEL- UND SÜDAMERIKA
Argentinien
Brasilien
Chile
Costa Rica
Dominikanische
  Republik
Jamaika
Karibik/
  Große Antillen
Karibik/
  Kleine Antillen
Kuba
Mexiko
Peru/Bolivien
Venezuela
Yucatán

AFRIKA UND VORDERER ORIENT
Ägypten
Djerba/
  Südtunesien
Dubai
Israel
Jordanien
Kapstadt/
  Wine Lands/
  Garden Route
Kapverdische
  Inseln
Kenia
Marokko
Namibia
Rotes Meer/Sinai
Südafrika
Tansania/
  Sansibar
Tunesien
Vereinigte
  Arabische
  Emirate

ASIEN
Bali/Lombok/Gilis
Bangkok
China
Hongkong/Macau
Indien
Indien/Der Süden
Japan
Kambodscha
Ko Samui/
  Ko Phangan
Krabi/Ko Phi Phi/
  Ko Lanta
Malaysia
Nepal
Peking
Philippinen
Phuket
Shanghai
Singapur
Sri Lanka
Thailand
Tokio
Vietnam

INDISCHER OZEAN UND PAZIFIK
Australien
Malediven
Mauritius
Neuseeland
Seychellen

Viele MARCO POLO Reiseführer gibt es auch als eBook – und es kommen ständig neue dazu!
Checken Sie das aktuelle Angebot einfach auf: www.marcopolo.de/e-books

REGISTER

Im Register finden Sie unter ihrem deutschen Namen alle in diesem Reiseführer beschriebenen Sehenswürdigkeiten, Museen, Ausflugsziele und wichtige Persönlichkeiten. Gefettete Seitenzahlen verweisen auf den Haupteintrag.

Akunin, Boris 22, 83
Alexander I., Zar 13, 14, 30, 38
Alexander II., Zar 50
Alexandergarten 29, 33, 51
Allrussisches Ausstellungsgelände (WWZ) **55**
Alte Englische Residenz 42
Alte Universität **50**
Alter Arbat 24, 48, **50**, 53, 75, 93, 99
Alter Platz **38**
Andrejewski-Kloster 52
Andronikow-Kloster **55**
Apothekergarten 61
Arbatskaja (Metrostation) 103
Arbeiter- und Kolchosbäuerin-Denkmal **55**
Architekturmuseum 104
Arsenal **33**
Auferstehungskirche in Kadaschi **43**
Auferstehungskirche, Große 104
Auferstehungstor 29, **30**
Aussichtsplattform Sperlingsberge **56**, 105
Bachruschin, Alexej 44
Bachruschin-Theatermuseum **44**
Banja **18**, 33
Basilius-Kathedrale 12, 24, 29, **30**, 37, 96
Belorusskaja (Metrostation) 103
Bolschoi-Theater 12, 24, 27, 37, **38**, 80, **85**, 88
Borodino-Panorama-Museum 61
Boulevardring **39**
Breschnew, Leonid 23, 38, 56
Bulgakow, Michail 22, 48, 50, 59, 64
Bulgakow-Museum **50**, 61
Bykow, Dmitri 22
Christi-Erlöser-Kathedrale 21, 24, 47, 48, **50**, 94
Christus-Verwandlungs-Kirche 105
Chruschtschow, Nikita 23, 48, 50, 59
Danilow-Kloster **56**, 81, 95
Datscha **20**, 105
Denkmal für Zar Peter den Großen **44**
Dolgoruki, Juri Großfürst 32, 54, 101
Dostojewski, Fjodor 22, 104
Dreifaltigkeits-Sergios-Kloster (Sergijew Possad) **58**
Dreifaltigkeitsbrücke 30, 33, 104
Dreifaltigkeitskathedrale 58
Dreifaltigkeitsturm **33**
Druckhof der Synode 42
Eispalast 91
Elchinsel 105
Erlöserturm **33**, 40
Ermitage-Garten 64, 88, 109
Erzengel-Kathedrale **33**
Experimentanium **106**
Facettenpalast **34**
Fernsehturm Ostankino **55**
Filjowski-Park **106**
Filzstiefelmuseum **56**
Föderationsturm 13
Freilichtmuseum Kolomenskoje **57**, 108

Garage (Zentrum für zeitgenössische Kultur)
Geheimdienstzentrale Lubjanka 12, 37, **41**, 102
Georgs-Kirche 42
Gewandniederlegungs-Kirche **34**
Godunow, Boris (Zar) 60
Gogol, Nikolai 24, 48, 59
Gorbatschow, Michail 14, 21, 23
Gorki, Maxim 22, 48, 51, 104, 105
Gorki-Museum **51**, 104
Gorki-Park (Park Kultury) 13, 28, **46**, 47, 52
Gostinny Dwor **40**
Großer Kremlpalast **34**
Gulag-Museum 102
GUM, Kaufhaus 12, 24, 29, 37, **40**, 69, 74, 75, **79**, 103
Harmonika-Museum **51**
Haus an der Moskwa 25, **46**, 73
Helikon-Oper 104
Himmelfahrtskathedrale 57
Historisches Museum 29, **32**
Hohe-Petrowski-Kloster 40
Iljinka Uliza **40**
Internationales Haus der Musik 91
Ismailowo, Kreml von **59**, 79
Ismailowski Vernisage (Flohmarkt) 75, **78**
Iwan der Große (Glockenturm) **34**
Iwan III. 32, 34, 35, 41
Iwan IV., der Schreckliche 22, 24, 30, 33, 34, 35, 37, 43, 57, 58
Jelissejew **77**, 100
Jelzin, Boris 15, 23, 44, 59
Johannes-der-Täufer-Kirche 57
Kandinsky, Wassily 42, 47, 54
Karl-Marx-Denkmal 24
Katharina II., die Große 33, 40
Katzentheater (Teatr Koschek) **106**
KGB-Zentrale (Lubjanka) 12, 37, **41**, 102
Kiewskaja (Metrostation) 103
Kitaigorod **37**
Kolomenskoje (Freilichtmuseum) **57**, 108
Kongresspalast **34**
Kreml 12, 13, 14, 15, 24, 26, 27, 29, **32**, 39, 47, 48, 51, 52, 56, 71, 78, 92, 96, 99, 101, 103, 104
Kreml von Ismailowo **59**
Kremlmauer 12, 29, 33, 36, 54, **91**
Kulturzentrum Winsawod 16, 25, **91**
Kusskowo-Palast **60**
Kutusow 14
Lenin, eigentl. Uljanow, Wladimir Iljitsch 14, **21**, 36, 100
Lenin-Mausoleum 12, 24, 27, 29, **36**, 37, 69, 103
Lokomotive-Stadion 91
Lomonossow, Michail 42, 50
Lomonossow-Universität 23, 42, **59**
Lubjanka (Geheimdienstzentrale) 12, 37, **41**, 102
Luschniki-Stadion 91, 109
Mahnmal für die Opfer der Stalinschen Repressionen **41**
Majakowskaja (Metrostation) 103
Majakowski, Wladimir 22, 42
Majakowski-Museum **42**
Majakowski-Theater 104
Malewitsch, Kasimir 42, 47
Manege 61, 52
Manegenplatz 28, 29, **79**
Maria-Entschlafens-Kathedrale (Kreml) **35**
Mariä-Entschlafens-Kathedrale (Sergijew Possad) 58
Mariä-Geburts-Kloster 40
Mariä-Verkündigungs-Kathedrale **35**

Metro 13, 27, **103**, 144
Meyerhold, Wsewolod 44
Minin- und Poscharski-Denkmal **36**
Moscow City 13, 26
Moskau-Museum **47**
Moskauer Konservatorium **91**, 94
Muchina, Vera 55
Museum der modernen Kunst **42**
Museum für Altrussische Kunst und Ikonen (Andrej-Rubljow-Museum) 55, 57
Museum für Neuere Geschichte Russlands **59**
Museum für Volkskunst und Kultur des 17. Jhs. 35
Museumspark Museon 48
Muttergottes-von-Kasan-Kathedrale **36**
Napoleon 14
Neiswestny, Ernst 59
Neue Oper **86**
Neue Tretjakow-Galerie **47**
Neuer Arbat (Nowy Arbat) 48, 61
Neuer Platz **38**, 40
Neujungfrauenfriedhof **59**
Neujungfrauenkloster 26, **59**
Nikitskaja Uliza 104
Nikolai I., Zar 34
Nikolai II., Zar 36
Nikolskaja Uliza **42**, 102
Nikon, Patriarch 35, 44
Nikulin-Zirkus (Zirk Nikulina) **107**
Olimpijski-Stadion 91
Park des Boulevardrings 24
Paschkow-Haus 50, **52**
Pasternak, Boris 105
Patriarchenpalast **35**
Patriarchenteiche **52**, 64, 104
Pelewin, Viktor 22, 83
Peredelkino **105**
Peter der Große 14, 24, 34, 36, 43, 44, 58, 60, 61
Planetarium **55**
Plissezkaja, Maja 38, 86
Ploschad Revolutsii (Metrostation) 103
Polytechnisches Museum 38
Präsidium **36**
Prokofjew, Sergej 85
Puschkin, Alexander 22, 24, 48, 53, 100, 104
Puschkin-Denkmal 24, **53**, 100
Puschkin-Haus 50, **53**
Puschkin-Museum für bildende Künste 27, 48, **53**
Puschkin-Platz 40, 70, 100
Putin, Wladimir 11, 13, 15, 23
Raumfahrt-Denkmal 55
Revolutionsplatz 25
Richtplatz **36**
Röhrenplatz 40
Romanow (Zarenfamilie) 33, 42
Rostropowitsch, Mstislaw 59
Roter Oktober 24
Roter Platz (Krasnaja Ploschad) 24, 27, 29, **37**, 42, 69, 96, 103, 108, 144
Rubljow, Andrej 56, 58
Rubo, Franz 61
Rüstkammer & Diamantenfonds **36**
Saikonnospasski-Kloster 42
Samoskworetschije **43**, 97
Saubere Teiche 39

142

IMPRESSUM

chaljapin, Fjodor 38
Schechtel, Fjodor 51
Senatsgebäude **36**
Sergijew Possad (Dreifaltig-
keits-Sergios-Kloster) **58**
Siegespark (Park Pobedy) **61**
Smolensker Kathedrale 60
Sokolniki-Park 13
Sperlingsberge 26, 52, 56, 59, **105**
Stalin, Josef 13, 14, 25, 30, 36, 37, 38, 40, 41, 43, 47, 50, 55, 58, 97, 103
Stanislawski Musiktheater 87
Stanislawski, Konstantin 44

Terempalast **36**
Tolstoi, Leo 22, 61, 66, 83
Tolstoi-Haus **61**
Tretjakow, Pawel 47
Tretjakow-Galerie 25, 27, 43, **47**, 56, 58
Tschaikowski, Pjotr 38
Tschaikowski-Konzertsaal 91
Tschechow, Anton 22, 48, 54, 59, 104
Tschechow-Museum **54**
Twerskaja 40, 48, 74, 75, 100, 101
UdSSR-Museum 55
Ulitskaja, Ludmilla 22

Warwarka Uliza **42**
Weißes Haus 13
Wodka-Museum 59
Zarenpalast von Kolomenskoje 59
Zentrales Haus des Künstlers 43, **47**, 75
Zereteli, Surab 42, 44, 52, 55
Zereteli-Galerie **54**
Zoo **107**
Zuckerbäcker-Bauten (Stalin-Hoch-
häuser) 13, **23**, 48, 50, 56, 59, 70, 95, 104
Zwetajewa, Marina 48, 53, 55
Zwetajewa-Museum **55**

SCHREIBEN SIE UNS!

Egal, was Ihnen Tolles im Urlaub begegnet oder Ihnen auf der Seele brennt, lassen Sie es uns wissen! Ob Lob, Kritik oder Ihr ganz persönlicher Tipp – die MARCO POLO Redaktion freut sich auf Ihre Infos.

Wir setzen alles dran, Ihnen möglichst aktuelle Informationen mit auf die Reise zu geben. Dennoch schleichen sich manchmal Fehler ein – trotz gründlicher Recherche unserer Autoren/innen. Sie haben sicherlich Verständnis, dass der Verlag dafür keine Haftung übernehmen kann.

MARCO POLO Redaktion
MAIRDUMONT
Postfach 31 51
73751 Ostfildern
info@marcopolo.de

IMPRESSUM
Titelbild: Roter Platz, Erlöserturm, Basilius-Kathedrale (Getty Images: The Image Bank/Luis Castaneda Inc.)
Fotos: O. Alyoshina (Klappe r., 2 o., 3 o., 3 u., 5, 6, 7, 12, 24 l., 40/41, 67, 74/75, 92/93); Contemporary Art Center Winzavod (16 u.); corbis images: Turiot/photocuisine (Roulier) (2 u., 62/63); DuMont Bildarchiv: Teschner/Gaasterland (38, 54, 60, 108/109, 109); F. M. Frei (2 M. o., 8, 9, 10/11, 14/15, 24 r., 82); Getty Images: The Image Bank (Luis Castaneda Inc.) (1 o.); Huber: Gräfenhain (2 M., 26/27, 44, 46, 110 u., 124/125), Giovanni Simeone (100/101); von Imhoff, Nina (1 u.); Laif: Heuer (76), Hill (71, 90, 104), Le Figaro Magazine: (Martin) (16 o.), (de Russe) (97), Modrow (81), Nicholl (3 M., 84/85, 108), Redux (Humphreys) (89), (Kozmin) (86), van den Driesch (107); La Terra Magica: Lenz (Klappe l., 23, 30, 32, 57, 68 l., 72), Wothe (35); Look: Frei (111), van Velzen (98), Wiesmeier (37), Wothe (48); O. Meinhardt (102); mauritius images: Alamy (4, 51, 106, 106/107), Foodpix (68 r.), imagebroker (18/19); Moscow Parkour Academy: Dmitry Plenkin (17 u.); picture-alliance: ZB (94); Denis Simachev (17 o.); SOHO ROOMS (16 M.); N. Volkana (20, 25, 43, 53, 79, 110 o.)

3. aktualisierte Auflage 2014
© MAIRDUMONT GmbH & Co. KG, Ostfildern
Chefredaktion: Marion Zorn
Autor: Gisbert Mrozek, Koautorin: Nina von Imhoff, Redaktion: Christina Sothmann
Verlagsredaktion: Ann-Katrin Kutzner, Nikolai Michaelis, Martin Silbermann
Prozessmanagement Redaktion: Verena Weinkauf
Bildredaktion: Gabriele Forst
Im Trend: wunder media, München
Kartografie Reiseatlas: © MAIRDUMONT, Ostfildern; Kartografie Faltkarte: © MAIRDUMONT, Ostfildern
Innengestaltung: milchhof:atelier, Berlin; Titel, S. 1, Titel Faltkarte: factor product münchen
Sprachführer: in Zusammenarbeit mit Ernst Klett Sprachen GmbH, Stuttgart, Redaktion PONS Wörterbücher
Das Werk einschließlich aller seiner Teile ist urheberrechtlich geschützt. Jede urheberrechtsrelevante Verwertung ohne Zustimmung des Verlags unzulässig und strafbar. Das gilt insbesondere für Vervielfältigungen, Übersetzungen, Nachahmungen, Mikroverfilmungen und die Einspeicherung und Verarbeitung in elektronischen Systemen.
Printed in China

BLOSS NICHT 👆

Moskau ist durchaus sicher – wenn Sie ein paar Regeln beachten

GELD UND DOKUMENTE OFFEN TRAGEN

Die Zeit der extremen Massenarmut in Moskau ist vorbei, aber zeigen Sie trotzdem keine Geldbündel. Taschendiebe gibt es immer noch. Tragen Sie Geld und vor allem Dokumente nicht in Außentaschen. Und achten Sie im Gedränge der Metro auf Ihre Handtasche.

AUF TRICKDIEBE REINFALLEN

Besonders im Umkreis des Roten Platzes treiben Trickdiebe ihr Unwesen. Lassen Sie sich nicht darauf ein, wenn Ihnen plötzlich ein Passant ein „eben" am Boden „gefundenes" Geldbündel in die Hand drücken will. Sie könnten schnell Opfer einer Erpressung werden.

AUS FREMDEN FLASCHEN TRINKEN

Wenn Sie schon mit fremden, aber lustigen Moskowitern ein Getränk nehmen, dann trinken Sie unbedingt nur aus dem eigenen Glas oder der eigenen Flasche. Lassen Sie sich keine Betäubungs- oder Schlafmittel ins Bier schütten.

IM BERUFSVERKEHR METRO FAHREN

Die Metro ist meist das schnellste Verkehrsmittel. Aber in der Hauptverkehrszeit von 8 bis 10 und 18 bis 20 Uhr ist die U-Bahn hoffnungslos überfüllt. Wer Gedränge scheut, sollte in dieser Zeit auch die Unterführungen zwischen den Metrostationen im Zentrum meiden.

AN PFÜTZEN UND UNTER EISZAPFEN STEHEN

Bei Regen und Tauwetter bilden sich auf den Straßen oft große Pfützen, die von den Autos nicht umfahren werden können. Halten Sie Abstand! Und gehen Sie bei Tauwetter nicht dicht an Hauswänden entlang. Jedes Jahr werden einige Unvorsichtige von herabstürzenden Eiszapfen erschlagen. Nicht jede Gefahrenstelle ist gekennzeichnet. Halten Sie die Augen offen!

AUF HOHEN ABSÄTZEN SPAZIEREN GEHEN

Haben Sie längere Wege vor sich, wählen Sie lieber bequeme Schuhe. Viele Moskauerinnen ziehen im Theater die Highheels erst in der Garderobe an und deponieren die Straßenschuhe dort.

TAXI FAHREN, WENN DER FAHRER NICHT ALLEIN IST

Sie können immer ein offizielles Taxi bestellen oder ein Privatauto am Straßenrand heranwinken, wie in Moskau üblich. Steigen Sie nur ein, wenn der Fahrer allein und dem Anschein nach nüchtern ist. Handeln Sie unbedingt den Preis aus, bevor Sie einsteigen.

HAUPTSTRASSEN EINFACH SO ÜBERQUEREN

Wenn Ihnen Ihr Leben lieb ist, nutzen Sie Fußgängerunterführungen und Ampeln, selbst wenn es Umwege bedeutet. Moskauer fahren schnell und ohne Rücksicht auf Fußgänger.